AUTOAYUDA

Raimon Gaja

Quiérete mucho

DEBOLSILLO

Diseño de la portada: Departamento de diseño de Random
House Mondadori / Marianne Lépine
Fotografía de la portada: © Creasource/Corbis

Primera edición en esta colección: julio, 2006

Printed in Spain – Impreso en España

ISBN13: 978-84-8346-170-9
ISBN10: 84-8346-170-6
Depósito legal: B. 36.074 - 2006

Fotocomposición: Comptex & Ass., S. L.

Impreso en Liberdúplex, S. L. U.
Sant Llorenç d'Hortons (Barcelona)

P 861709

ÍNDICE

AGRADECIMIENTOS

A mi buen amigo y gran psicólogo Antoni Bolinches por las palabras de ánimo que me ha dado durante la confección de este libro; a la psicóloga Marta Costoso por su buena labor de traducción al castellano y su posterior revisión, a la periodista y escritora Sylvia de Béjar por su insistencia en que escriba.

Personas como ellas hacen que la tierra sea el cielo. A todas, gracias.

PRÓLOGO

El presente libro intenta aproximar el tema de la autoestima al público en general. Tal vez haya alguien que piense que este será otro libro más de los que se limitan a engrosar los estantes de psicología y autoayuda de las librerías. Y puede que no le falte razón porque libros de autoestima hay muchos. Pero el que ahora tiene en las manos posee algo que lo hace diferente a los demás y justifica su presencia en las librerías.

La baja autoestima es vista y tratada en otros libros de psicología y autoayuda como un tema secundario, y siempre en relación con otros aspectos de la personalidad aunque después se especifiquen métodos y ejercicios para mejorarla. Pues bien, nosotros pensamos que ya es hora de que el tema sea tratado con el rigor y la importancia que se merece.

Uno de los motivos que da sentido a esta obra es hacer comprender al público en general cómo una baja autoestima es capaz de impedirnos llevar una vida psicológicamente saludable; cómo nos somete a unos patrones de conducta poco adaptativos y cómo, por su culpa, nos convertimos en víctimas de pensamientos automáticos irracionales que nos causan dolor y dificultan nuestro crecimiento. Tener una baja autoestima, por ejemplo, nos impide desarrollar las habilidades sociales pertinentes para reclamar nuestros derechos, al mismo tiempo que merma nuestra capacidad para tolerar el propio fracaso.

Uno de los objetivos principales de este libro es, pues, llegar a comprender por qué mantenemos actitudes negativas o generamos pensamientos cargados de desesperanza que nos desmotivan y nos impiden conseguir aquello que deseamos, haciéndonos sentir desdichados o culpables. Creemos que solamente entendiendo la causa de este problema podremos empezar a ponerle remedio.

La baja autoestima es la suma de muchos factores. Así pues, si bien es cierto que nuestra baja autoestima puede ser el resultado de una serie de circunstancias vitales poco alentadoras, achacarles toda la culpa sería fomentar un victimismo negativo. Es posible que unas circunstancias poco favorables hayan sido el motor que después ha generado una línea de conducta y pensamiento errónea y desfavorable para nosotros mismos, pero también es cierto que la posibilidad de variar el curso de los acontecimientos está en nuestras manos.

Aunque, como veremos, el patrón de la autoestima tiende a una estabilidad —hecho que dificulta la modificación de la misma— nuestro deber como seres humanos es intentar variar este patrón negativo para que, en la medida de lo posible, podamos llevar una vida plena sin renunciar a las muchas gratificaciones que esta nos ofrece. Este libro no vende la felicidad pero puede ayudarte a deshacerte de los obstáculos que te impiden desarrollar todo tu potencial.

Creemos que este libro puede resultarte revelador porque te permitirá descubrir que tu baja autoestima es la que te hace sentir inferior injustificadamente, la que te detiene con una voz interior muy dura (llamada *autocrítica patológica*) y la que, por ejemplo, te hace seguir falsas creencias poco racionales y nada realistas. Además te enseñará que existen caminos alternativos; que no todas las cosas negativas que piensas de ti son ciertas; que el fracaso en un proyecto no significa que seas una persona fracasada; que las etiquetas son absurdas y, lo más importante, te dirá cómo puedes eliminar esos pensamientos negativos que te hacen tanto daño.

INTRODUCCIÓN

El libro empieza con un cuestionario que te permitirá evaluar tu grado de autoestima. Este será el punto de partida, conocer cómo anda tu autoestima. También sería conveniente que al finalizar la lectura de este libro volvieras a contestar las preguntas del cuestionario y evaluaras, de nuevo, el nivel de la misma. Podrás comprobar la diferencia que existe entre cómo te sentías cuando empezaste a leerlo y cómo te sientes una vez finalizado, y esto será así porque habrás puesto en práctica todas las propuestas que te habremos ido haciendo para ayudarte a incrementar tu autoestima.

Antes de continuar, es importante resaltar el hecho de que la lectura de este libro te resultará beneficiosa, independientemente del resultado que obtengas en el test, pero si a pesar de ello consideras que no es suficiente, desde aquí te animamos a buscar la ayuda de un psicólogo. No creas que una baja autoestima no es un motivo lo suficientemente serio como para ponerte en manos de un profesional. Sí lo es, y si continúas leyendo entenderás claramente por qué. Entre otras cosas porque una baja autoestima puede derivar en una depresión, una enfermedad grave que puede tener unas consecuencias devastadoras para la persona que la padece.

Con este cuestionario podrás disponer de una buena herramienta para evaluar tu propia autoestima y además detectar las carencias que esta pueda presentar. Pero, insistimos, si aun así crees que esto no es suficiente, siempre podrás contar con la ayuda de un profesional. Piensa que eres demasiado valioso como para no intentar sobreponerte a las circunstancias adversas que te llevaron a desarrollar una baja autoestima y que ahora están reduciendo tus posibilidades reales como ser humano único e irrepetible.

A continuación, el libro se divide en dos grandes apartados, uno teórico y otro práctico.

El capítulo 1 nos dice qué es la autoestima, cómo se forma y los diferentes tipos que existen. Este capítulo es necesario para dar una visión global de la misma y llegar al verdadero epicentro del problema: la baja autoestima. Para que puedan producirse cambios psicológicos significativos en la persona se requiere una voluntad de transformación, un conocimiento teórico que lleve a una comprensión racional y, finalmente, la puesta en práctica de todo lo aprendido. Por ello, para entender cómo se desarrolla una baja autoestima tendremos que dedicar un capítulo entero a definir la autoestima propiamente dicha.

El capítulo 2 se centra en el tema de la baja autoestima y en él explicaremos cómo se llega hasta ella y qué mecanismos entran en juego para mantenerla en una posición tan desfavorecedora para nuestros intereses vitales. De este capítulo destacaría el apartado «Cómo la baja autoestima erosiona nuestra calidad de vida», en el cual hemos intentado mostrar las consecuencias negativas de tener una baja autoestima y la manera como nos afecta en prácticamente todos los ámbitos de nuestra vida. En dicho apartado descubrirás, además, la cantidad de cosas que podemos perder si permitimos que nuestras conciencias se adormezcan. Descubrirás también que muchas veces es un mal hábito aprendido durante la infancia y mantenido en la vida adulta el que nos conduce a una mala calidad de vida. En el apartado «El porqué de todo esto» hablamos de uno de los elementos más relevantes de la autoestima: su tendencia a la estabilidad. Es un aspecto importante que explica las razones por las cuales hay tantas personas que se resignan a llevar una vida poco gratificante.

El resto de apartados de este capítulo describen los mecanismos, tanto de pensamiento o de creencias (patrón cognitivo) como de acción (patrón conductual), que se producen en la baja autoestima y que contribuyen a su mantenimiento.

El capítulo 3 ofrece respuestas, soluciones y maneras de contraatacar los mecanismos anteriores; todas ellas están basadas en el trabajo y la perseverancia. La única forma de cambiar un hábito nocivo es, en primer lugar, comprender el alto precio que estamos pagando por mantenerlo y, en segundo lugar, adquirir un nuevo hábito racional y satisfactorio que lo sustituya. Es cuestión de tiempo y de interiorizar todo lo que se ha aprendido, evitando al mismo tiempo la presencia de antiguos patrones que lo único que hacen es dificultar nuestra evolución

El capítulo 3 sigue, pues, el mismo esquema que el 2. Las soluciones que se ofrecen no son milagrosas. La mayoría se basa en los estudios y técnicas terapéuticas más prestigiosos que hoy en día existen en este campo. Estas técnicas y otras muchas se fundamentan en una sistematización y un perfeccionamiento del sentido común. Afortunadamente esto es algo que todos poseemos en menor o mayor grado.

El capítulo 4 es una reflexión y resume todo lo anterior. Aconseja la práctica necesaria de todas las enseñanzas recibidas. De alguna manera lo que nos viene a decir es que el aprendizaje está en la base de nuestro bajo nivel de autoestima y que, por tanto, el reaprendizaje se halla en la base del cambio en la autoestima. Hemos de tener en cuenta que para conseguir este cambio se requiere tiempo y, sobre todo, ilusión y ganas. Además, nos permite pensar en la posibilidad de buscar ayuda profesional, llegado el caso. Jamás has de renunciar a buscar la mejor solución para tus problemas, y si esa solución viene de fuera (de manos de un profesional), bienvenida sea. Ayudar es nuestra misión. La tuya es buscar la alternativa más eficaz para llevar una vida más equilibrada y feliz. Sentirte incompetente y desmerecedor te lo impide. Es hora de buscar remedio.

Deseamos que la lectura de este libro te sea útil o que, por lo menos, te resulte interesante. Nos conformamos con que sientas que no has perdido el tiempo y con que, en cualquier momento de tu vida, puedan resultarte provechosas algunas de las enseñanzas que en él te ofrecemos.

CUESTIONARIOS PARA EVALUAR EL NIVEL DE AUTOESTIMA

Antes de continuar con la lectura del libro, te proponemos que contestes y completes los cuestionarios que incluimos en este apartado. El objetivo es emular, en la medida de lo posible, una situación parecida a la que se presentaría en la consulta de un especialista. Este, antes de explicarte qué es la autoestima, cómo funciona y cómo puedes mejorarla, te pediría que rellenases una serie de cuestionarios de autoevaluación que sirven para determinar cuál es la mejor estrategia que debe seguirse. Con este mismo objetivo, te proponemos que rellenes los dos cuestionarios siguientes.

Al final del libro volverás a encontrar, otra vez, los mismos cuestionarios. Te recomendamos que una vez finalizada la lectura vuelvas a contestarlos. Lo más probable es que los resultados hayan cambiado mucho tras la asimilación de la lectura.

Si lo deseas, podrás consultarlos todas las veces que quieras, de manera que podrás utilizarlos como un material que te ayudará a evaluar periódicamente tu autoestima.

No obstante, es importante que tengas en cuenta que el nivel de autoestima no es una variable fija de nuestro pensamiento, sino que se modifica constantemente. Los acontecimientos cotidianos pueden hacer que fluctúe al alza o a la baja, de manera que puedes obtener resultados diferentes según el día. Ello no resta validez a estos cuestionarios. Lo realmente importante es que tu nivel de autoestima se mantenga fluctuante dentro de una media más o menos estable.

Otro dato que no queremos dejar de resaltar es que no existe una variable objetiva del grado deseable de autoestima. No hay un resultado mejor que otro. Cada persona tiene su propio nivel dependiendo de múltiples factores. Si existiera un patrón fijo sería lícito comparar nuestro nivel de autoestima con el de otra persona. Pero, afortunadamente, entre seres humanos la comparación en este aspecto no es posible.

CUESTIONARIO DE AUTOESTIMA

El cuestionario de autoestima está pensado para reconocer el nivel de autoconciencia que tienes de ti mismo/a. Pensemos que los seres humanos disponemos de la capacidad de crearnos una imagen o identidad propia de acuerdo con unos criterios de valor en relación a un modelo. Cuando nuestros juicios son negativos, la conciencia de nosotros mismos también lo es, lo que genera mucho dolor psicológico. Con el cuestionario de autoestima obtendrás información que te ayudará a conocer, de una manera más objetiva, las creencias que realmente mantienes sobre ti mismo.

Cómo rellenar el cuestionario de autoestima

Lee cada uno de los enunciados y pon una cruz en la casilla que más se adecue a la imagen mental que tienes de ti mismo. Es normal que esta imagen varíe de un día a otro, por lo que es posible que un día nos consideremos, por ejemplo, unos inútiles y al día siguiente, en cambio, personas muy competentes. No obstante, lo que se te pide es que tiendas hacia una definición global y que, por lo tanto, indiques cómo te ves la mayor parte del tiempo.

Procura ser espontáneo y no pensar demasiado las respuestas. Cuanto más sincero seas, más fiable será la información que extraerás y mejor podrás ayudarte.

Enunciado	Siempre	A menudo	Alguna vez	Casi nunca	Nunca
1. En algunas ocasiones me veo como una persona inútil					
2. Creo que algunas características de mi personalidad podrían valorarse como buenas, agradables o deseables					
3. A veces tengo la sensación de que en realidad no tengo ninguna capacidad especial. Pienso que no hago nada realmente bien					
4. Casi siempre me siento contento/a conmigo mismo/a					
5. Si valoro en general mi vida pasada, la califico, la mayoría de las veces, de fracaso					
6. Pienso que no he hecho demasiadas cosas en la vida de las que me pueda sentir contento/a u orgulloso/a					
7. Tengo una imagen de mí mismo buena, positiva					
8. Pienso que merezco el mismo respeto y amor que cualquier otra persona del mundo					
9. A veces echo de menos la sensación de cariño hacia mí mismo/a. Me gustaría creer más en mí y en mis posibilidades					
10. Puedo hacer cualquier cosa, como cualquier persona					

CUESTIONARIO DE PENSAMIENTOS

El cuestionario de pensamientos es muy útil para reconocer el tipo de pensamientos distorsionados que mantienes. Más adelante, a lo largo del libro, aprenderás detalladamen-

Enunciado	Siempre	A menudo	Alguna vez	Casi nunca	Nunca
1. He decepcionado a mis padres/amigos /pareja/jefe/etc.					
2. Me gustaría ser mejor de lo que soy					
3. Ojalá no hubiera vivido esto					
4. Desconfío de los demás porque siento que no les gusto y que en cualquier momento pueden ponerse en mi contra					
5. Soy un desastre. Los demás se organizan la vida, pero yo soy incapaz de hacerlo					
6. Todo lo dejo a medias					
7. No tengo fuerzas para seguir viviendo					
8. No veo mi futuro. Sólo un túnel sin final					
9. Siento asco hacia mí mismo/a					
10. ¿Qué estoy haciendo con mi vida?					
11. Por más que lo intente, no lo conseguiré					
12. Soy una persona débil y sin carácter					
13. No puedo soportarlo					
14. Soy un cero a la izquierda					
15. No sirvo para nada					
16. He fracasado					
17. No tengo ilusión por nada. Nada de lo que pueda hacer, me puede hacer sentir mejor					
18. Me gustaría no haber nacido					
19. Nada de lo que quería conseguir ha salido adelante					
20. ¿Por qué a los demás les salen las cosas bien y a mí no?					
21. Mi vida es un desastre					
22. Me siento decepcionado/a de mí mismo/a					
23. Estoy solo/a. Nadie puede entenderme					

te qué son estos pensamientos y cómo afectan a tu vida. Probablemente te sorprenderá comprobar hasta qué punto nuestro pensamiento cotidiano está «intoxicado» con ideas que dificultan el que podamos alcanzar un nivel de bienestar óptimo. Pero esto llegará después; el primer paso, por ahora, es que empieces a familiarizarte con tu forma habitual de pensar.

En el test de pensamientos se relacionan veintitrés enunciados a los que debes contestar según la frecuencia con que dichos enunciados aparecen en tu mente. Como verás, las casillas de valoración se dividen en SIEMPRE, A MENUDO, ALGUNA VEZ, CASI NUNCA y NUNCA. Lee cada afirmación y piensa con qué frecuencia tienes estos pensamientos cuando te encuentras en una situación difícil para ti o cuando te dedicas a pensar sobre ti mismo. No te detengas demasiado. Sé lo más espontáneo que puedas. Haz una cruz en la casilla con la que más te identifiques la mayoría de las veces. Recuerda que no te estamos juzgando. Sólo intentamos darte una herramienta psicológica que te ayude a conocerte mejor, para así poderte ayudar más.

Valoración de los cuestionarios

Tanto el cuestionario de autoestima como el de pensamientos siguen un mismo criterio de valoración. A las cruces que aparecen en las casillas encabezadas por el valor SIEMPRE les corresponden 4 puntos, 3 puntos al valor A MENUDO, 2 puntos a ALGUNA VEZ, 1 punto a CASI NUNCA y, por último, 0 puntos a NUNCA.

A continuación suma todos los puntos y obtendrás un número. Cuanto mayor sea este, más baja será tu autoestima y a la inversa. Pero recuerda que la importancia de estos cuestionarios no radica en «juzgar» tu grado de autoestima, sino en facilitarte un parámetro de medición a partir del cual puedas evaluar periódicamente tu evolución, teniendo en cuenta el objetivo final de lograr un mayor bienestar en tu vida. Te recomendamos que apuntes el resultado global de cada cuestionario y que cada cierto período de tiempo vuelvas a realizarlos y compares los nuevos resultados. De esta forma, la realización de estos cuestionarios habrá servido para mejorar algunos aspectos de tu vida.

I

TEORÍA SOBRE LA AUTOESTIMA

Muchos de nosotros hemos oído hablar de la autoestima alguna vez y, más o menos, tenemos una idea aproximada de lo que es. De hecho, muchas personas pueden creer que el término autoestima significa amor hacia uno mismo. Pero la autoestima no es sólo autoamor, autorrespeto o el concepto que tenemos de nosotros mismos (autoconcepto); tampoco es sólo una evaluación o un sentimiento hacia nosotros. La autoestima tiene mucho que ver con el entorno de las personas (sociedad, cultura, familia, amigos, marco socioeconómico y laboral, etc.) y sus logros (estudios, retos, aspiraciones, cultura, trabajo, posición social y económica, etc.) y, entre otras cosas, condiciona nuestra conducta. Así pues, es necesario saber en primer lugar qué es la autoestima para poder definir después cómo nos afecta su carencia en la vida y cómo podemos intentar incrementarla.

LA AUTOESTIMA NO ES SÓLO AUTOAMOR, AUTORRESPETO O AUTOCONCEPTO

CONOCIMIENTO POPULAR

Las expresiones del tipo «Tengo la autoestima por los suelos» o «Es que no tienes autoestima» son frecuentes en el lenguaje popular y cotidiano. Las personas se refieren a la autoestima del mismo modo que hacen referencia al estrés o la depresión. La mayor accesibilidad de la psicología al público en general ha hecho que estos términos sean utilizados, en muchas ocasiones, de manera indiscriminada y a la ligera, sin conocer realmente su significado. Pero una cosa está clara: aunque la mayoría de las veces la gente utiliza estos términos de forma incorrecta, el sentido y el significado que les otorgan no se aleja demasiado del concedido por la psicología y la ciencia médica.

El problema no radica tanto en la falta de rigor y cientificidad propios del conocimiento popular como en el hecho de restar gravedad a trastornos que, como en el caso del estrés o la baja autoestima, constituyen graves factores de riesgo de enfermedades tales como la anorexia o la depresión. Las personas se refieren al estrés cuando viven una época de mucho trabajo y tensión; la depresión pasa a ser una época triste y carente de motivación, y la autoestima hace alusión al autoconcepto y al amor que siente uno hacia sí mismo, en algunos casos haciendo referencia, incluso, al orgullo.

Así pues, resulta más importante que las personas conozcan la gravedad de enfermedades tales como la depresión —para la que aún no existe un tratamiento efectivo y que, hoy en día, afecta a unas 200.000 personas en nuestro país— que insistir en su significado clínico, dado el uso frecuente e indiscriminado que se hace del término. Este se utiliza popularmente para designar todo período (o día) triste, cuando en realidad se trata de una grave enfermedad que supone la claudicación del ser humano y que afecta a todos los ámbitos de la persona (social, laboral y familiar).

LA DEPRESIÓN AFECTA ACTUALMENTE A UNAS 200.000 PERSONAS EN NUESTRO PAÍS

En cuanto a la autoestima, esta es esencial para la supervivencia psicológica y emocional del individuo. Hasta tal punto es así que una baja autoestima puede afectar seriamente a la persona haciendo que su vida le resulte muy penosa, dada su incapacidad para satisfacer muchas de sus necesidades básicas. La trascendencia que los dos tipos de conocimiento (el popular y el profesional) dan a este trastorno es, de nuevo, muy diferente.

DIVERSIDAD DE TEORÍAS

Entre los psicólogos existe también mucha controversia, debido al hecho de que la autoestima es un fenómeno complejo que implica, a su vez, otros fenómenos. No obstante y a pesar de las muchas definiciones de autoestima que circulan (dependiendo de la teoría a la que uno se adscriba), lo fundamental es que se trata de un concepto básico que debe ser tratado, en caso de baja autoestima, con el máximo rigor posible a fin de garantizar el éxito en el tratamiento.

La autoestima, como hemos visto, es un fenómeno impuro, es decir, no es un fenómeno que pueda aislarse o definirse por sí mismo, ya que está muy relacionado con otros procesos que vive el ser humano. La autoestima se genera a partir de unos fenómenos y es, a su vez, causa de otros. Implica, además, el desarrollo de patrones, el establecimiento de comparaciones entre ellos y la comprensión de quién es uno basada en el resultado de dichas comparaciones. Hay que tener en cuenta dos cosas: primero, que los valores se adquieren muy temprano, y segundo, que todos los valores se viven en el contexto de la cultura. Así pues, la autoestima es un fenómeno personal y psicológico, pero también es un fenómeno social.

LA AUTOESTIMA IMPLICA EL DESARROLLO DE PATRONES, EL ESTABLECIMIENTO DE COMPARACIONES ENTRE ELLOS Y LA COMPRENSIÓN DE QUIÉN ES UNO BASADA EN EL RESULTADO DE DICHAS COMPARACIONES

A pesar de los muchos estudios e investigaciones que existen sobre la autoestima, todavía no existe una definición única y consensuada de la misma. Entre las muchas que hay, nosotros nos inclinamos por la que recoge los dos componentes esenciales de la autoestima: competencia y merecimiento. Ambos aparecen como los elementos más destacados de la misma y los mencionados con mayor frecuencia en las teorías más importantes investigadas por Chris Mruk en su estudio fenomenológico de las teorías sobre la autoestima.[1]

Nuestra definición, tomada de este autor norteamericano, nos parece rigurosa, científica y muy completa, ya que no sólo recoge los mencionados componentes básicos (competencia y merecimiento) sino que, como veremos, tiene en cuenta que la autoestima es un proceso vivido a lo largo del tiempo y que, como tal, puede modificarse. Este es uno de los factores fundamentales que dan sentido a esta obra, y por ello te alentaremos (en la parte práctica) para que trabajes con el fin de mejorar tu nivel de autoestima e incrementar, así, el bienestar en tu vida.

LA AUTOESTIMA PUEDE MODIFICARSE

1. Chris Mruk, *Autoestima. Investigación, teoría y práctica*, Biblioteca de Psicología, Desclée de Brouwer, Bilbao, 1998.

DEFINICIÓN DE *AUTOESTIMA*

Creemos conveniente advertir que la definición de *autoestima* no debería ser muy diferente a la presentada o propuesta por las otras teorías, sino que más bien habría de recoger aquello que todas tienen de cierto. En este sentido, la definición de Mruk conjuga de manera sobresaliente este requisito indispensable. Para Mruk la autoestima es «El estatus vital de competencia y merecimiento de un individuo al hacer frente a los retos de la vida a lo largo del tiempo».[2] Es decir, la autoestima sería el nivel de autosatisfacción (subjetiva) que tiene una persona de su competencia y su merecimiento cuando se enfrenta a los retos de la vida a lo largo del tiempo.

Es importante que el concepto de *autoestima* quede claro y para ello vamos a analizar, uno a uno, todos los términos empleados en la definición precedente. Empezaremos por el de *estatus vital*.

Estatus vital

¿Por qué la autoestima es un estatus vital? Porque la autoestima es vivida como un proceso que se va forjando y acumulando a la vez. La autoestima es dinámica y abierta, a pesar de mantener cierto nivel de estabilidad durante la edad adulta. A lo largo del tiempo vamos mostrando un patrón de respuesta que va creando un historial de alta o baja autoestima. Una situación temporal —encontrar un buen trabajo (o perderlo), por ejemplo— puede afectar al nivel de autosatisfacción subjetivo del propio merecimiento o competencia. La autoestima global (el historial estable) se ve

2. Chris Mruk, *op. cit.*, p. 33.

afectada por la fluctuación de la autoestima situacional (una situación determinada) que puede influir para que varíe tanto positiva como negativamente.

LA AUTOESTIMA ES UN FENÓMENO ABIERTO Y ESTABLE A LA VEZ

A continuación definiremos los conceptos de *competencia* y *merecimiento*, que trataremos más ampliamente en posteriores apartados.

Competencia

La competencia, al igual que la autoestima y el merecimiento, es un fenómeno bastante complejo y está relacionado con las aspiraciones, el éxito y el control del mundo que nos rodea. Implica acción por parte del ser humano y la evaluación de los resultados derivados de dicha acción. La competencia tiene que ver con todo aquello que conseguimos por nosotros mismos y que valoramos con especial interés. Los trabajos y las labores que podemos desempeñar; los éxitos y las hazañas que podemos lograr; los retos, las pruebas y los problemas que podemos superar son el motor de la competencia, la cual determina, junto con el merecimiento, nuestra autoestima.

LA COMPETENCIA ESTÁ EN RELACIÓN CON LAS ASPIRACIONES, EL ÉXITO Y EL CONTROL DEL MUNDO QUE NOS RODEA

Merecimiento

El merecimiento, por su parte, implica un juicio de valor más vinculado con la persona que con sus acciones. Tiene más que ver con los otros que con nosotros mismos y se basa en valores como el ser aceptado por nuestra comunidad o entorno, o el ser aprobado o querido por los demás, sobre todo si estos son personas significativas de nuestra familia o de nuestro grupo de amigos; sin olvidar el amor o sentimiento de valía que podemos sentir con respecto a nosotros mismos. Por otro lado, factores como nuestro aspecto físico y habilidad social, rasgos de nuestro carácter como la simpatía (o antipatía) y el hecho de vivir de acuerdo con nuestros valores y normas morales determinan, en conjunto, nuestro sentido del merecimiento o valor como seres humanos.

**UNA PERSONA TIENE AUTOESTIMA
CUANDO ES COMPETENTE EN ALGO QUE VALE LA PENA
Y TIENE UN VALOR POSITIVO PARA SÍ MISMA
O PARA LOS DEMÁS**

A lo largo del tiempo

La autoestima no es algo estático, es un proceso y se va forjando a lo largo del tiempo. En la edad adulta, por ejemplo, ya existe un historial de respuestas ante ciertos conflictos y situaciones que son difíciles de modificar. Los hábitos se adquieren con el tiempo y la costumbre y, una vez consolidados, cambiarlos puede suponer un gran esfuerzo. Pero, por otro lado, una vez que se adquieren nuevos hábitos, los antiguos se pierden. No hay que olvidar tampoco que ciertas experiencias o situaciones vividas pueden modificar, en términos de autoestima, una tendencia de mucho tiempo y pueden significar un incremento (o una pérdida) de la misma. Por ejemplo, encontrar un buen trabajo o conseguir el amor de la persona amada puede comportar un aumento significativo de nuestra propia autoestima.

LA AUTOESTIMA NO ES ALGO ESTÁTICO, ES UN PROCESO Y SE VA FORJANDO A LO LARGO DEL TIEMPO

LOS DOS PILARES DE LA AUTOESTIMA: COMPETENCIA Y MERECIMIENTO

En la definición de autoestima vimos cómo competencia y merecimiento conformaban los dos pilares de la misma. La competencia es el componente más conductual de la autoestima (atención al término *conductual* porque lo utilizaremos con posterioridad y le otorgaremos el mismo significado que aquí. Conducta = Acción). En cuanto al merecimiento, podríamos decir que es un elemento afectivo y engloba la actitud que mantiene la persona hacia sí misma. La interrelación de ambos componentes es vivida como una autoconciencia, pero también implica una reacción emocional del individuo. Es decir, la persona siente que es competente para la vida y que, por tanto, merece vivir; y a este sentimiento llega mediante su experiencia.

LA AUTOESTIMA ES EL CONVENCIMIENTO DE QUE UNO ES COMPETENTE PARA VIVIR Y QUE MERECE VIVIR

Competencia

Como hemos visto, la competencia está relacionada con las aspiraciones, el éxito y el dominio del mundo; esto se traduce en resultados que implican un elevado grado de acción por nuestra parte. Si estos resultados son efectivos, nuestra autoestima puede aumentar; en cambio, si no lo son, puede reducirse (hay que tener en cuenta que el aumento o la reducción de la autoestima serán significativos dependiendo del éxito alcanzado y del grado de acción desarrollado). La competencia es más conductual y puede evaluarse más fácilmente en términos de eficacia e ineficacia, según los resultados que se obtengan. Esto ofrece un cierto grado de «autonomía e independencia» al individuo para poder aumentar su autoestima y, por ello, la competencia es el componente central de la misma.

Competencia: componente central de la autoestima

Además de depender básicamente de uno mismo, la competencia es también un componente central de la autoestima porque la acción supone una fuente de autoestima más autónoma que el merecimiento. Depende de uno mismo y ello implica que puede darse una variabilidad muy significativa. Como ya se explicará más adelante, la autoestima tiene una fuerte tendencia a la estabilidad porque es de naturaleza conservadora, y la competencia puede ser, mucho más que el merecimiento, el talón de Aquiles de dicha estabilidad. A una persona como Juan, en paro desde hace más de dos años y con una escasa autoestima, le bastó conseguir un buen empleo para que esta se incrementara de una manera muy positiva.

LA COMPETENCIA ES EL COMPONENTE CENTRAL DE LA AUTOESTIMA PORQUE DEPENDE DE UNO MISMO Y SUPONE UNA FUENTE DE AUTOESTIMA MÁS AUTÓNOMA QUE EL MERECIMIENTO

No queremos decir que conseguir un empleo o alcanzar una meta sea la solución para todos los problemas de autoestima, porque de ser así todo sería mucho más sencillo. Como ya hemos dicho, la autoestima es un proceso complejo en el cual se mezclan muchos factores de la vida de una persona, por lo que se necesita algo más que el logro de unos cuantos éxitos para que esta aumente. Nosotros nos referíamos a un caso concreto, el de Juan, y al hecho de que la competencia puede ser, con más facilidad que el merecimiento, el elemento que desequilibre la estabilidad de la autoestima. El grado con que una persona ejecuta algo, la manera en que resuelve sus problemas o cómo responde a un reto son factores decisivos para mejorar la autoestima, en el caso, claro está, de que estas acciones sean realizadas con éxito. Pero aun así, modificar la autoestima es una cuestión de trabajo, práctica y tiempo; este último para permitir el reaprendizaje de todos aquellos hábitos nocivos que nos han llevado a sentirnos desmerecedores e incompetentes.

Competencia interna versus *competencia externa*

Creemos conveniente diferenciar entre el sentido de la propia competencia (sentido interno de competencia), y el sentido de la competencia que poseen los demás de nosotros (sentido externo de competencia).

Una de nuestras pacientes con problemas de autoestima piensa de sí misma que no ha triunfado en la vida. Paula, que así se llama, es una mujer con un puesto de trabajo de responsabilidad en una editorial, que ha finalizado dos carreras y diversos estudios de posgrado; su sueldo no es bajo y es respetada y admirada por los demás. Debido a su alto nivel de exigencia y a que ella hubiera preferido ser escritora, desmerece todo aquello que ha conseguido. Paula representa un ejemplo claro de competencia dual y enfrentada. Se siente incompetente, en oposición a los demás que la consideran muy competente. Parece evidente que pesa más el propio sentido de la competencia (incompetencia) que el ajeno, el cual pocas veces puede hacer variar el primero.

Merecimiento

El merecimiento implica un juicio de valor más vinculado con la persona que con sus acciones. Ya vimos que se basaba en valores tales como ser aceptado, aprobado o querido por uno mismo y por los demás. Esta aprobación suele medirse en términos de la afectividad que siente la persona hacia sí misma (a diferencia de la competencia, que se movía en términos de efectividad). La evaluación del merecimiento es más complicada cuantitativamente; es más experiencial, y hace referencia a fenómenos más subjetivos de los valores personales, familiares, del subgrupo (barrio, clan, clase social, etc.) y de la sociedad en general.

El merecimiento interno versus *el merecimiento externo*

Al igual que la competencia, el sentido del merecimiento puede experimentarse como algo psicológico y personal, pero también social. En el caso de la competencia, ambos tipos (la externa y la interna) quedaban más delimitados, puesto que esta se caracteriza, básicamente, por depender de uno mismo. Esto no pasa, sin embargo, con el merecimiento, el cual tiene dos entradas de *feedback* bastante interrelacionadas (la externa y la interna) aunque independientes, y que pueden estar a diferentes niveles. Es decir, una persona puede resultar indiferente a su entorno, pero en cambio sentirse muy a gusto consigo misma y proporcionarse un *feedback* muy positivo, hasta el punto de poder prescindir de la falta de este *feedback* de su entorno; y a la inversa: puede recibir un *feedback* externo muy positivo pero ser incapaz de aceptarse a sí misma. No queremos generalizar porque en un tema tan individual como es la autoestima puede resultar un tanto peligroso, pero lo habitual es encontrar una lógica y razonable correlación entre el merecimiento que nos otorgan los demás y el que nos otorgamos nosotros mismos.

EL MERECIMIENTO IMPLICA UN JUICIO DE VALOR MÁS VINCULADO CON LA PERSONA QUE CON SUS ACCIONES Y SE BASA EN VALORES

El sentido del merecimiento es anterior al de la competencia

El sentido del merecimiento se forma en la persona antes que el de la competencia. Un individuo comienza a mostrarse competente en la infancia, a partir más o menos de los seis años, cuando empieza a plantearse retos de una forma consciente y se mueve fuera del ámbito familiar. Es en el ámbito escolar cuando comienza a socializarse y a entrar en contacto con otras personas que no son de su círculo; esto le impulsará a realizar esfuerzos para ganarse la aprobación de los demás. Las calificaciones académicas marcarán su incipiente sentido de la competencia, el cual no había manifestado hasta entonces porque sólo había podido percibir el sentido del merecimiento. La competencia depende del modo en que el niño responde ante el mundo y los otros; en cambio, el merecimiento depende de la manera en que los otros o el mundo responden ante el niño. Y todo esto ocurre antes de que la autoestima se haya consolidado. La persona crea unas expectativas basadas exclusivamente en el sentido de merecimiento por parte de la familia a la cual pertenece. Dicho de otra manera: ante la llegada de un hijo, la familia manifiesta un grado de deseo determinado y se crea unas expectativas que después determinarán el futuro merecimiento de la persona.

EL SENTIDO DEL MERECIMIENTO SE FORMA EN LA PERSONA ANTES QUE EL DE LA COMPETENCIA

El merecimiento se asocia, en una primera etapa, con el grado de merecimiento que percibimos de los demás con respecto a nosotros, es decir, básicamente con el hecho de ser querido. Después, ya en la edad adulta, entran en juego otros factores como, por ejemplo, la adquisición de unos valores (lo cual proporciona un nivel de autorrespeto muy valioso) o el hecho de tener un físico agradable (lo cual hace que la persona se sienta más valorada, tanto por ella misma como por los demás). Y estos valores no son sino juicios que uno emite respecto del relativo mérito o valía de una persona, los cuales contribuyen a construir el sentido del merecimiento de la misma.

El sentido del merecimiento por géneros

El género es capaz de influir en cierto grado sobre la autoestima y esta influencia se produce en una dirección predecible. En términos de estructura general, las mujeres de nuestra sociedad parecen inclinarse hacia el componente de merecimiento de la autoestima (ser valoradas en términos de aceptación o rechazo), y los hombres tienden hacia la dimensión de competencia de la autoestima (éxito o fracaso). Esto se ve claramente en las culturas machistas, donde a la mujer se le otorga un papel secundario según el cual no necesita mostrarse competente porque le basta con sentirse querida («buena hija, buena esposa y buena madre»). Mientras que a los niños se les adiestra en la competencia (lograr un buen trabajo o seguir con el negocio familiar), a las niñas se las prepara para un buen matrimonio. Y si alguno de ellos o ellas no consigue cumplir las expectativas creadas, se considera que de alguna manera ha fracasado. Y esto crea serios problemas de autoestima.

Hoy en día todavía son muchas las mujeres a las que les preocupa ser queridas y resultar atractivas porque, aunque lo ignoren, el merecimiento es su fuente primordial de autoestima. Mientras la sociedad continúe siendo sexista, muchas mujeres no se esforzarán en adquirir competencia y continuarán supeditando su autoestima al merecimiento o a la valoración de los demás.

Por otro lado, el hecho de empujar a los hombres hacia la competencia les impide tener acceso a ciertas fuentes de autoestima provenientes del componente del merecimiento; lo cual puede crearles problemas como, por ejemplo, la obligación de mostrarse excesivamente masculinos e invulnerables o de adoptar un estilo de vida muy agresivo.

LAS MUJERES SE INCLINAN HACIA EL MERECIMIENTO Y LOS HOMBRES TIENDEN HACIA LA DIMENSIÓN DE COMPETENCIA DE LA AUTOESTIMA

COMBINACIONES ENTRE COMPETENCIA Y MERECIMIENTO

La autoestima se crea mediante la interacción de sus dos componentes básicos, el merecimiento y la competencia, los cuales se relacionan de forma recíproca y dinámica. La competencia es conductual y se evalúa en términos de eficacia (o ineficacia). El resultado continuo de competencia o conducta efectiva determina, por un lado, una autoestima baja, media o alta. Por otro lado, la dimensión del merecimiento (más difícil de evaluar porque es más subjetiva) genera una autoestima alta, media o baja. Si el individuo vive de acuerdo con valores vinculados a su autoestima, el nivel de la misma será óptimo; si no, el nivel será bajo. Además, puede haber un nivel de autoestima medio que dependerá de la consonancia existente entre los valores de la persona y el grado de presencia que estos tengan en su vida. Este sería, por ejemplo, el caso de la discrepancia comentada entre el merecimiento externo y el interno.

LA AUTOESTIMA SE CREA MEDIANTE LA INTERACCIÓN DEL MERECIMIENTO Y LA COMPETENCIA, LOS CUALES SE RELACIONAN DE FORMA RECÍPROCA Y DINÁMICA

Las combinaciones de competencia y merecimiento dan lugar a distintos tipos de autoestima, lo que implica que esta pueda ser vivida de maneras muy diversas atendiendo a las diferentes combinaciones que se pueden dar entre los niveles de competencia y de merecimiento de una persona cuando esta responde ante la vida y sus retos.

Tipos de autoestima

Existen, como mínimo, cinco tipos básicos de autoestima: alta, media y baja que dividiremos, a su vez, en dos subtipos: narcisista y pseudoautoestima. Para designar estos dos últimos tipos de autoestima utilizaremos la nomenclatura que Mruk emplea en su obra *Autoestima: investigación, teoría y práctica*,[3] pues, como ya comentamos al principio del libro, nos decantamos por la definición que él propone. Así pues, si nos adherimos a dicha definición, en la que competencia y merecimiento son los componentes básicos de la autoestima, es lógico que ahora apliquemos su terminología a los diferentes tipos de baja autoestima (basados en la deficiencia de uno u otro componente).

A continuación explicaremos y daremos ejemplo de cada uno de los distintos tipos de autoestima, pero nos detendremos de una manera más exhaustiva en la baja autoestima (después de analizar sus subtipos), dado que este es, precisamente, el tema central del libro.

Autoestima positiva o alta autoestima

La alta autoestima o autoestima positiva es consecuencia de un historial de competencia y merecimiento altos. Este historial, a su vez, deriva en una norma evolutiva y conlleva una tendencia a evitar las situaciones y conductas de baja

3. Chris Mruk, *op. cit.*

autoestima. Así, las personas con una autoestima alta tienen una sensación permanente de valía y de capacidad positiva que les conduce a enfrentarse mejor a las pruebas y a los retos de la vida, en vez de tender hacia una postura defensiva. Las personas con alta autoestima no sólo se sienten más capaces sino que, además, disponen de una serie de recursos internos e interpersonales que les protegen de las fluctuaciones del merecimiento y de la mayoría de los traumas. Sólo una grave agresión a la autoestima, como sería la pérdida del puesto de trabajo o una pérdida personal significativa (un divorcio, por ejemplo), puede afectar a este tipo de personas.

Una persona con una autoestima alta es menos crítica consigo misma que una con una autoestima media o baja; resiste mejor la presión social y actúa de acuerdo con sus propios criterios y valores. Además, no suele estar bajo la presión de la ansiedad o el miedo. Esta persona está más preparada para soportar los altibajos de la vida. Su historia de experiencias positivas la empuja a mantener esta postura porque es mucho más efectiva y satisfactoria que las otras alternativas.

UNA PERSONA CON UNA AUTOESTIMA ALTA ES MENOS CRÍTICA CONSIGO MISMA QUE UNA PERSONA CON UNA AUTOESTIMA MEDIA O BAJA

La alta autoestima tiende a generarse en un marco casi privilegiado y en unas circunstancias determinadas. El individuo que posee este tipo de autoestima puede desarrollar una cierta insensibilidad con respecto a su prójimo, ya que, por una parte, puede llegar a prescindir del merecimiento externo al haberse habituado a un patrón de merecimiento interno positivo y, por otra, es posible que no comprenda las necesidades de los otros, así como tampoco determinados tipos de conducta contraproducentes de otras personas porque, al ser negativos, no puede aceptarlos.

Una persona con una autoestima alta puede ser aquella dotada de un buen físico y una buena inteligencia que ha sabido ganarse el respeto y la admiración de los otros y que, además, ha alcanzado sus metas en la vida. Personas de éxito, tanto en el ámbito social y familiar como en el profesional, suelen gozar en muchos momentos de su vida de este tipo de autoestima. Pero, a pesar de que se tiende a creer y a promover que lo mejor es tener un alto nivel de autoestima, la gran mayoría de nosotros tenemos un saludable nivel de autoestima medio.

Diferencia entre ser un presuntuoso y tener una autoestima alta

A veces puede resultar difícil diferenciar la presuntuosidad de la seguridad en uno mismo. No obstante, esta dificultad aparece tan sólo en el plano teórico porque en el práctico, es decir, en la vida real, es fácil distinguir la una de la otra.

La persona con una autoestima alta basa el respeto que siente por sí misma en hechos reales. Se marca unos objetivos asequibles y obtiene unos resultados tangibles. Es el caso, por ejemplo, del abogado o el médico que para pagarse los estudios tiene que trabajar mucho, pero que finalmente lo consigue y se siente orgulloso. Esta conciencia de haberse superado a sí mismo y de haber alcanzado unas metas no es presuntuosidad, ni tampoco es en vano. Cuando alguien supera una dificultad, una deficiencia o una limitación aprende, sobre todo, que en adelante podrá superar los nuevos retos que se le planteen. Comprende que, como persona, se encuentra en constante proceso de evolución y que el ser cada día un poco mejor depende de uno mismo. El recuerdo de las metas alcanzadas actúa como un impulso de superación; quizá por eso las personas con una autoestima alta transmiten una imagen de seguridad.

Por otro lado, la actitud de la persona con una autoestima alta hacia los otros es positiva y «humana». Una actitud humana significa, en este caso, ser conscientes del hecho que todas las personas tenemos limitaciones y potencialidades, y aprender a aceptarlas. La persona con una autoestima alta no necesita esforzarse para dar una imagen ideal de sí misma, ni tampoco necesita acercarse a los débiles para lucirse mejor. Su autoconcepto es suficientemente positivo y realista como para no tener que ponerse «de puntillas» cuando está con otras personas. Lógicamente, este respeto hacia sí misma y hacia los demás favorece sus relaciones interpersonales y, por ello, es una persona respetada y querida.

El presuntuoso representa la otra cara de la moneda. Acostumbra tener un concepto de sí mismo irreal, basado en ideales y no en realidades objetivas. Es la típica persona que despierta en los otros comentarios peyorativos, tales como: «Se cree mejor de lo que es» o «Presume de lo que no es». En realidad, el presuntuoso se repite tantas veces a sí mismo y a los demás lo maravilloso que es que al final se lo cree. En psicología, a esto se le llama *darse autoinstrucciones*. Las autoinstrucciones constituyen una técnica a menudo muy eficaz, pero deben tener el soporte de instrucciones objetivas.

Por otra parte, el presuntuoso mantiene una actitud déspota hacia los demás y necesita constantemente que estos le ratifiquen el concepto idealizado que tiene de sí mismo. Cuando esto no ocurre, se siente amenazado e intenta conseguirlo por la fuerza. Ello explicaría su actitud déspota y el hecho de que no alcance a entender que las personas que realmente son importantes no desprecian a las que son más débiles.

Autoestima media

Decíamos que la gran mayoría de nosotros teníamos un nivel medio de autoestima. Está situado en el centro aproximado, entre la alta y la baja autoestima. Y se llega a él con un historial determinado de éxitos y fracasos en el ámbito de la competencia y con un cierto sentido del merecimiento en el que cabe, también, la posibilidad de rechazo.

La autoestima media suele ser la más frecuente por diferentes motivos, entre los cuales se encuentra el hecho de que la vida, indiscutiblemente, nos conduce a retos y dificultades diversos, lo que provoca en nosotros un patrón de respuesta y conducta muy variado. Hay que tener en cuenta, además, que factores como las circunstancias o las motivaciones personales también varían con el tiempo; así, puede producirse una evolución no sólo en el patrón de respuesta sino también en situaciones en las que no exista un patrón concreto y actuemos de acuerdo con otros ítems como la presión, la necesidad, el miedo, la propia supervivencia, etc.

Una persona con un nivel de autoestima medio no necesariamente tiene que estar al 50 por ciento en los dos componentes de la autoestima; lo más frecuente es que uno de ellos esté más desarrollado que el otro. Ejemplos típicos son el de la persona competente en su trabajo que, debido a una pérdida significativa familiar, no tiene el merecimiento que necesita y el de aquella que tiene el sentido del merecimiento alto pero que, en cambio, se muestra insegura en el terreno profesional y ve menguado su sentido de la competencia. Además, la mayoría de las personas reconocemos que hay situaciones que nos incomodan y que evitamos porque nos retrotraen a situaciones similares muy negativas del pasado. Por ejemplo, una persona como Helena, muy valiente y osada en determinadas parcelas de su vida, es incapaz de conducir un coche debido a un accidente que sufrió de joven, a resultas del cual su hermano quedó muy malherido.

A pesar de que es cierto que el pasado tiene mucho poder sobre nosotros y que las experiencias negativas tienden a dejar más impronta que las positivas, también lo es el hecho de que un momento puntual de autoestima positiva puede hacernos aumentar de forma natural nuestro grado general de autoestima y que, a pesar de las carencias o las deficiencias que se pueden dar en uno o en los dos componentes de la autoestima, este aumento puede ser aprovechado para abandonar posiciones más bajas. El hecho de conseguir un empleo ansiosamente deseado o una relación personal muy positiva tiene este poder. También un momento de dicha proporcionado por algo significativo para nosotros, como el reconocimiento de nuestros méritos o una fiesta en nuestro honor, puede, de la misma manera, contribuir a aumentar nuestro nivel de autoestima.

La autoestima media, independientemente de cuál sea su componente más activo, es la más habitual, ya que en la vida siempre habrá situaciones que nos harán dudar de nuestra propia valía, como por ejemplo pérdidas importantes o retos que se deben superar (o evitar). Todo ello forma un patrón de respuesta y de conducta, en cierta manera, regular pero no por ello imposible de ser abandonado. No obstante, la autoestima tiende a ser estable y, por eso, la mayoría de nosotros disfrutamos de un nivel medio de autoestima. De hecho, si alguna vez se ha tenido muy alta, es muy difícil que se pierda, y a la inversa, es casi imposible alcanzar un nivel de autoestima alto si en el pasado dicho nivel ha sido bajo. No obstante, como decíamos en el apartado de la alta autoestima, lo deseable es conseguir un nivel medio de autoestima. En este sentido, debemos abandonar la idea de que sólo una autoestima alta es fuente de satisfacción y crecimiento personal. La autoestima media también lo es; de hecho, es una buena posición desde la que se puede crecer, ser competente y, lo más importante, ser feliz.

LA AUTOESTIMA MEDIA ES UNA BUENA POSICIÓN DESDE LA QUE SE PUEDE CRECER, SER COMPETENTE Y, LO MÁS IMPORTANTE, SER FELIZ

Existen dos grandes líneas de investigación sobre este tipo de autoestima. Una es la seguida por Coopermisth,[4] quien sugiere que la autoestima media vendría a ser como un punto medio, ya que la persona no dispone aún de los factores evolutivos que conducen a la alta autoestima, pero en cambio sí que disfruta de los factores necesarios para evitar la baja. En esta línea, la autoestima media es inferior a la alta, la cual es mejor y mucho más positiva. La otra línea de investigación (Block y Thomas,[5] Cole, Oetting y Hinkle[6] y Weissman y Ritter[7]) sostiene que la autoestima media presenta unas características distintivas que la sitúan en una posición privilegiada, puesto que tiene lo mejor de los otros dos tipos existentes. La persona con un nivel medio de autoestima no tendría, por ejemplo, el exceso de confianza de la persona con una alta autoestima, un rasgo que nos hace más vulnerables a los peligros porque nos lleva a ignorar los

4. S. Coopermisth, *The antecedents of self-esteem*, Freeman and Company, San Francisco, 1967.

5. J. Block y H. Thomas, «Is satisfaction with self a measure of a adjustment?», *Journal of Abnormal and Social Psychology*, 51, 1955, pp. 257-261.

6. C. Cole, E. R. Oetting y J. Hinkle, «Non-linearity of self-concept discrepancy–the value dimension», *Psychological Reports*, 21, 1967, pp. 56-60.

7. H. Weissman y K. Ritter, «Openness to experience, ego strength and self-description as a function of repression and sensitization», *Psychological Reports*, 26, 1970, pp. 859-864.

límites y a rechazar la información negativa, la cual también es útil y necesaria.

Autoestima baja

El tema central de este libro es la baja autoestima, por ello nos centraremos más en ella que en cualquiera de los otros tipos mencionados. La baja autoestima implica importantes deficiencias en los dos componentes que la forman (competencia y merecimiento). Así, la persona con un bajo nivel de autoestima tiende a hacerse la víctima ante sí misma y ante los demás. Por ejemplo, el sentirse inmerecedora puede llevar a este tipo de persona a mantener relaciones perjudiciales que, además de reforzarla negativamente, dificultan la búsqueda de fuentes de merecimiento tales como el hecho de ser valorado por los demás o saber defender los propios derechos.

En cuanto a las deficiencias en la competencia, la persona con baja autoestima está más predispuesta al fracaso que otra porque no ha aprendido las habilidades necesarias para alcanzar el éxito. Es por ello que tiende a centrarse más en los problemas que en las soluciones.

UNA PERSONA CON BAJA AUTOESTIMA TIENDE A CENTRARSE MÁS EN LOS PROBLEMAS QUE EN LAS SOLUCIONES

Las personas con un historial de baja autoestima suelen evitar las situaciones en que pueden ser consideradas competentes o merecedoras, dado que estas implican un cambio de patrón y para ellas es más fácil evitar el cambio que afrontarlo. No son capaces de mantener durante mucho tiempo un buen empleo o una relación positiva y enriquecedora porque, al sentirse inmerecedoras, ello les representaría un grave trastorno y un esfuerzo que no están dispuestas a aceptar ni soportar. Estas personas huyen, literalmente, ante cualquier posibilidad de cambio, aunque sea para mejorar. Por lo general, lo evitan o tratan que la mejora fracase. Esto, a la vez que confirma y refuerza la idea que tienen de sí mismas, crea un círculo vicioso que garantiza, casi siempre y por desgracia, la imposibilidad de un cambio para mejor. Lo mismo pasa con la competencia. La posibilidad de alcanzar el éxito les resulta impensable, y cuando esta es factible, de una u otra manera, consiguen que se desvanezca irremediablemente.

UNA PERSONA CON BAJA AUTOESTIMA, POR SU MANERA DE ACTUAR, ESTÁ MÁS PREDISPUESTA AL FRACASO QUE OTRA

Las personas con baja autoestima no son conscientes de que el camino que eligen es el menos acertado: sus elecciones son incorrectas y los resultados que obtienen poco eficaces, llegando a ser en ocasiones contraproducentes. Tomar otra elección más conveniente para sí mismas supone, a menudo, un cambio en su patrón, mucho más difícil de asumir que la elección incorrecta.

Por ejemplo, el temor al fracaso les hace evitar la posibilidad de éxito. La sensación de poca valía personal, además, hace que admitan tan sólo experiencias poco significativas y ya conocidas que, la mayoría de las veces, no les aportan nada y pueden resultarles, incluso, desfavorables.

LAS PERSONAS CON BAJA AUTOESTIMA DESESTIMAN AQUELLAS ELECCIONES QUE PUEDEN RESULTAR ACERTADAS PORQUE IMPLICAN CAMBIOS EN SU PATRÓN

Temor a las nuevas situaciones

Un ascenso, un nuevo trabajo, iniciar una relación de pareja, etc. son hechos que comportan cambios no siempre fáciles de aceptar o afrontar. Las personas con un bajo nivel de autoestima tenderán a evitar situaciones de este tipo negando, muchas veces, la evidencia. En el caso del ascenso, pueden rechazarlo o no hacer nada para conseguirlo. Por lo que respecta al nuevo trabajo, nunca será tan seguro como el que ya tienen. Y, por último, la relación de pareja puede suponer compromisos afectivos que comporten sentimientos de inseguridad.

Las nuevas situaciones requieren el desarrollo de ciertas habilidades que no han sido aprendidas. La persona no sabe cómo hacer frente a los errores, éxitos, retos y ciertas situaciones hostiles porque, ante la posibilidad de fracaso, opta por evitarlas, con lo que está impidiendo cualquier oportunidad de aprendizaje. Esto crea una especie de círculo vicioso, difícil de romper, donde el miedo al fracaso, al rechazo (propio y ajeno) y a la sensación de incompetencia se convierten, paradójicamente, en escudos de defensa. Una persona con una autoestima baja tiene que reaprender nuevas habilidades y afrontar los retos; es la única manera de ir aprendiendo a manejarlos. El éxito llega tras el trabajo duro y los fracasos. Estableciendo una comparación, podemos decir que las nuevas situaciones que pueden parecer adversas, a priori, crearían «anticuerpos» que nos vacunarían contra ellas en el futuro. La persona con baja autoestima no adquiere los anticuerpos porque como no afronta dichas situaciones, nunca acaba de vacunarse contra ellas y, por lo tanto, nunca supera su temor.

Es así como unas creencias erróneas y poco realistas pueden derivar en hábitos contraproducentes tanto de pensamiento como de conducta. Evitar los problemas, no afrontar los retos, estar convencido de que no se tienen los mismos derechos que los demás y no reclamarlos, sentirse inferior porque se está habituado a la comparación, etc. son situaciones que, con el tiempo, tienden a agravarse y pueden llevar a la persona a desarrollar estados psicológicos disfuncionales.

CREENCIAS ERRÓNEAS Y POCO REALISTAS DERIVAN EN HÁBITOS TANTO DE PENSAMIENTO COMO DE CONDUCTA

Hay muchos estudios que demuestran que la baja autoestima está relacionada con la depresión, con la sensación de inadecuación, con la dependencia a sustancias dañinas (alcohol y drogas) y con la ansiedad, entre otras muchas disfunciones psicosociales. Una persona con una autoestima baja es más propensa que cualquier otra (con una autoestima media o alta) a experimentar sentimientos de desmerecimiento o de inferioridad, y esta disfunción está implícita en patrones de conducta y de pensamiento molestos e, incluso, graves.

Una persona con baja autoestima sigue una línea de comportamiento basada en sus experiencias pasadas negativas, las cuales, como veremos, pueden dividirse en dos grandes estructuras: el patrón cognitivo (de pensamiento) y el conductual (de actuación). Dichas experiencias pasadas negativas sirven como modelo de pensamiento y actuación. La persona tiende a evitarlas para que no se vuelvan a repetir, en vez de afrontarlas. La evitación es el mecanismo de defensa más primitivo y más rápido, pero el más perjudicial a largo plazo, ya que la persona no aprende las habilidades necesarias para superar estos retos. Y por eso los evita, porque no sabe cómo afrontarlos y porque tiene miedo de fracasar.

El reaprendizaje, basado en la racionalidad y en la búsqueda de otras alternativas realistas más satisfactorias, es fundamental para incrementar los niveles de autoestima. Y este nuevo aprendizaje ha de suponer un afrontamiento y una posterior superación de los retos.

UNA PERSONA CON BAJA AUTOESTIMA ES MÁS PROPENSA QUE CUALQUIER OTRA A EXPERIMENTAR SENTIMIENTOS DE DESMERECIMIENTO O DE INFERIORIDAD

A continuación veremos cómo la baja autoestima también puede darse cuando uno de los componentes que la forman está situado en un nivel alto, en una hipotética escala que va desde un sentido nulo de merecimiento o competencia hasta un sentido alto en ambas dimensiones. Así, puede ser que una persona no tenga problemas con su sentido del merecimiento —es decir, puede considerarse una buena persona, que vive de acuerdo con sus valores y que es aceptada y querida por personas significativas de su entorno—, pero, en cambio, puede sentirse incompetente en otros ámbitos de su vida como, por ejemplo, en el académico o profesional. Tal vez esta persona no haya concluido sus estudios o tenga un trabajo considerado poco relevante, y ello le provoque un bajo sentimiento de competencia que la empuja a no aceptar nuevos puestos de trabajo por creer que está poco cualificada. Evidentemente esto, a la larga, hará que pierda muchas oportunidades.

LA EVITACIÓN ES UN MECANISMO DE DEFENSA MÁS PRIMITIVO Y MÁS RÁPIDO QUE EL AFRONTAMIENTO, PERO MÁS PERJUDICIAL A LARGO PLAZO PORQUE LA PERSONA NO APRENDE

Baja autoestima defensiva

La baja autoestima puede darse también cuando se carece de unos niveles satisfactorios mínimos en uno solo de sus componentes. Este tipo de baja autoestima pasa a llamarse, entonces, autoestima defensiva y se caracteriza porque tiende a compensar el componente ausente o menos desarrollado con el componente positivo o alto. El individuo, por tanto, experimenta una carencia de fuentes positivas de autoestima en un ámbito concreto de su vida. Podrían ser, por ejemplo, personas muy competentes en el ámbito laboral pero con un bajo sentido del merecimiento, o bien personas con un alto sentido del merecimiento pero con un bajo sentido de la competencia ante los retos o ante el trabajo.

Este tipo de autoestima es mucho menos grave que la baja autoestima general, pero eso no implica que sea más fácil superarla, ya que el individuo siente que de alguna manera está compensado. Por otro lado, puede ser que el escaso sentido de dominio que tiene respecto de uno de los componentes no sea demasiado significativo y que, por ejemplo, se dé sólo en circunstancias muy concretas (escasa habilidad social o problemas con determinadas personas que representan autoridad). En este caso sí que existiría la posibilidad de poder trabajar en el desarrollo del componente deficitario.

Existen dos tipos marcados de baja autoestima defensiva: una de tipo narcisista, caracterizada por el hecho de que el individuo presenta un alto sentido del merecimiento pero un bajo sentido de la competencia, y otra, llamada pseudoautoestima, según la cual y contrariamente a la anterior, el individuo tiene un bajo sentido del merecimiento pero, en cambio, un alto sentido de la competencia. De todas formas, hemos de tener en cuenta que la mayoría de nosotros tenemos más desarrollado uno de los dos ámbitos y que, por lo tanto, sólo podemos incluir dentro de esta aquellas conductas o actitudes que puedan comportar graves trastornos para la persona.

Autoestima defensiva de tipo narcisista

La autoestima narcisista genera en la persona una sensación irreal de merecimiento. Las personas que presentan este tipo de autoestima tienen tendencia a sobrevalorarse y a alabarse a sí mismas, lo cual no es bien recibido por los demás, que son los que, verdaderamente, sufren las consecuencias de esa actitud.

Otro rasgo característico es el desmesurado interés que muestran por el nivel socioeconómico de los demás, sobre todo si este nivel se alcanza sin esfuerzo y es producto del azar (lotería), una herencia o matrimonio. En casos extremos pueden convertirse en personas autoritarias que no aceptan la más mínima crítica.

LA AUTOESTIMA NARCISISTA SE CARACTERIZA POR UNA SENSACIÓN IRREAL DE MERECIMIENTO

La baja autoestima o pseudoautoestima

La pseudoautoestima (bajo sentido del merecimiento) suele reflejarse en la exagerada e, incluso, obsesiva atención por el éxito (o por el fracaso). Las personas con pseudoautoestima tienen una gran necesidad de logros y esta hace que, a menudo, se muestren ansiosas. Pueden llegar, también, a ser antisociales hasta el punto de no tener escrúpulos a la hora de manipular o abusar de los demás para conseguir sus objetivos.

Las personas que padecen este tipo de autoestima negativa tienen el sentido del merecimiento poco desarrollado y, de alguna manera, «compensan» esta limitación con un sentido de la competencia mal entendido. Así, no es infrecuente encontrar personas que, aparentemente, tienen como finalidad en la vida alcanzar el éxito profesional o el poder, pero que en realidad se mueven por el miedo (o pánico) al fracaso. Por ello, tienden a ser muy perfeccionistas en todo lo que hacen y presentan un nivel de autocrítica muy elevado que las puede llevar, incluso, a la crítica patológica.

LAS PERSONAS CON PSEUDOAUTOESTIMA TIENEN UNA GRAN NECESIDAD DE LOGROS, LO CUAL HACE QUE, A MENUDO, SE MUESTREN ANSIOSAS

II

LA BAJA AUTOESTIMA

La autoestima es una necesidad del individuo un tanto complicada, ya que influye sobre la conducta y, a la vez, está influenciada por ella. Es el resultado de la dialéctica entre la personalidad, el entorno social, el desarrollo personal, las elecciones individuales y la propia conducta.

Como hemos venido observando, el hecho de que las fuentes de autoestima se hallen mermadas o poco desarrolladas puede afectar negativamente al individuo. Pero veamos de qué modo lo hace. Ya sabemos que una baja autoestima puede ser la causante de que nuestras elecciones sean poco eficaces, de que mostremos una tendencia a evitar los problemas en vez de afrontarlos, de que tengamos un bajo sentido de la competencia y de valía personal, etc. Y sabemos, también, que se encuentra en la base de muchos trastornos emocionales como, por ejemplo, la ansiedad o la depresión.

LA AUTOESTIMA ES EL RESULTADO DE LA DIALÉCTICA ENTRE LA PERSONALIDAD, EL ENTORNO SOCIAL, EL DESARROLLO PERSONAL, LAS ELECCIONES INDIVIDUALES Y LA PROPIA CONDUCTA

A continuación veremos, de una forma más detallada, cómo influye la baja autoestima en la vida cotidiana de las personas, es decir, cómo las empuja hacia un tipo de pensamiento negativo y contraproducente y cómo dificulta que puedan alcanzar la felicidad. Para ello excluiremos los casos más patológicos y nos centraremos en la baja autoestima general, esto es, aquella que afecta a las personas incapacitándolas para tomar decisiones o asumir retos en la vida.

Primero describiremos cómo se caracteriza la baja autoestima y mostraremos muchas de las frecuentes situaciones donde suele actuar.

Descripción de la baja autoestima

La persona con baja autoestima se resiste a perder el grado de autoestima adquirido, de manera que dificulta la posibilidad de incrementarlo. La autoestima actúa como una barrera protectora que la preserva de los posibles conflictos o retos de la vida.

Una autoestima baja (tanto la defensiva como la que no alcanza unos niveles clínicos) puede llevar a la persona que la padece a adoptar una actitud más conservadora ante la vida. Este «conservadurismo» es debido al temor ante la idea de perder la autoestima que se posee, por muy baja que esta sea; por ello se tiende hacia una inmovilidad o estabilidad que dificulta el incremento de la misma.

LA AUTOESTIMA SIEMPRE TIENDE HACIA LA ESTABILIDAD

Qué significa tener baja autoestima

La persona con baja autoestima está habituada a sentirse inferior, ya sea por su físico, por su escaso éxito social o porque está poco reconocida en su ámbito laboral y, a pesar de sentirse mal, no se plantea una solución. El día a día le confirma que no puede hacer nada para resolver esos problemas, de los que continuamente está huyendo: un jefe tiránico, unos compañeros indiferentes, una familia o unos amigos para los que es poco importante o una pareja poco comprensiva. Cree que, dado que esto es así la mayor parte del tiempo, debe ser siempre así.

Es probable que esta persona sueñe que algún día su suerte cambiará por obra del azar o de un príncipe azul (en el caso de las mujeres); algo o alguien vendrá del exterior (pensamiento mágico) y hará saber al resto del mundo que estaban muy equivocados. Pero esto, lamentablemente, no suele ocurrir porque, como hemos dicho antes, cuando la persona con baja autoestima siente que puede ser merecedora y/o competente y que, por consiguiente, ya no puede mantener su patrón habitual de autoestima, prefiere evitar esta posibilidad antes que afrontarla. Así, por ejemplo, si está acostumbrada a sentirse inferior, difícilmente aceptará una situación de poder.

La tendencia a la estabilidad no implica sólo el no poder reducir la autoestima que se tiene, sino también el no poder aumentarla con facilidad. ¿Esto significa que no podemos hacer nada para incrementarla? Afortunadamente, sí que podemos; si no, libros como este no tendrían sentido. Pero es un trabajo lento que requiere esfuerzo, sobre todo de reajuste del patrón que nos ha llevado a la baja autoestima. Sería falso admitir que podemos aumentarla con la misma facilidad con que se instauró en nosotros, básicamente, porque no podemos volver a la infancia, que es una de las etapas más importantes y significativas de nuestra vida. Lo que sí podemos hacer es disminuir la intensidad de nuestros síntomas (de ansiedad o depresión) con una comprensión de los motivos y causas que nos producen malestar. De esta manera, podemos conseguir un cierto nivel de autonomía y autocontrol, a la vez que ganamos madurez personal.

> **LA BAJA AUTOESTIMA SE CARACTERIZA POR UNA ACTITUD DE RESISTENCIA A PERDER EL POCO GRADO DE AUTOESTIMA ADQUIRIDO, A PESAR DE QUE ESTA PUEDA INCREMENTARSE**

CÓMO LA BAJA AUTOESTIMA EROSIONA LA CALIDAD DE VIDA

A veces, la solución a un problema la encontramos de la manera más directa. Si pensamos en cómo podemos resolver nuestro problema y nos dirigimos a la persona (profesor, jefe, amigo, padres, médico, etc.) o al lugar adecuado (centro de información, escuela, asociación, libro, etc.), probablemente obtendremos los resultados que buscamos. Un estudiante que no sepa cómo resolver un problema de matemáticas, puede dirigirse a su maestro para que le explique cómo tiene qué resolverlo; un adolescente que no sepa cómo comportarse en su primera cita, puede preguntar a su hermano mayor o a un buen amigo para que le digan qué es lo que tiene que hacer... Muchas veces la solución a los problemas se encuentra muy cerca de nosotros, sólo hay que buscar a las personas o los lugares apropiados. Ciertamente, no acudir en busca de ayuda cuando se necesita no es la mejor opción. Si crees que tienes un problema, lo más inteligente es buscar ayuda: arrastrar un sofá entre dos personas es mucho más cómodo que hacerlo uno solo. Buscar ayuda facilita y agiliza mucho las cosas. Este libro puede ser una ayuda en este sentido, por eso espero que te animes a seguir leyendo.

BUSCAR AYUDA FACILITA MUCHO LAS COSAS

No merecimiento

No siempre es fácil buscar ayuda, sobre todo porque hay problemas que ni nosotros mismos sabemos cómo plantear. Para empezar, una persona con una autoestima baja no se considera lo suficientemente importante como para «molestar» a alguien con lo que ella cree que son tonterías. Cree que no merece ser ayudada y, por eso, continúa con ese malestar indefinido, sumida en una especie de agujero negro, confiando en que un buen día sucederá algo que cambiará su vida. Pero si estás leyendo este libro es porque quizá estás un poco harto o harta de tu situación. Tal vez por eso has decidido ayudarte un poco. ¡Bien hecho!

Autojuicio

¿Qué significa tener una baja autoestima? Pues que la persona no se gusta lo suficiente. Y ¿por qué? Pues porque, entre otras cosas, se juzga con demasiada dureza. Eso es lo que ha aprendido, pero nunca es tarde para aprender a juzgarse de otra manera. Piensa por un momento en ti y en cómo ves a los demás. Seguro que a los demás no los juzgas con la misma dureza. Un buen principio sería juzgarse uno mismo con la misma benevolencia con la que juzgamos a los demás. Para ello es necesario que nos tratemos de la misma manera que tratamos a los demás. ¿A qué viene ese odio y ese ensañamiento hacia nosotros mismos? La mejor manera de no llegar a esta situación es evitando los juicios hacia los demás y hacia nosotros mismos. Dejémonos de etiquetas: ¡NO SIRVEN PARA NADA!

NUNCA ES TARDE PARA APRENDER

Las etiquetas

Las etiquetas son inexactas, limitadoras y, lo peor de todo, ¡nos las creemos! Pero el problema de las etiquetas no se halla en ellas mismas, sino en la manera de formularlas. Decir de alguien que es un ladrón porque una vez robó un disco en unos grandes almacenes es absurdo. De hecho, ese pequeño delito sólo fue cometido una vez. La mayoría de la gente no cree que robar esté bien, pero ¿y si la persona robó inducida por sus amigos? ¿Y si eso pasó hace ya diez años? ¿Realmente ese individuo merece ser considerado un ladrón toda su vida? O lo que es peor, ¿merece definirse a sí mismo como tal y castigarse siempre por eso? La respuesta es clara: ¡NO!

LAS ETIQUETAS NO SIRVEN PARA NADA

Las etiquetas negativas

Hemos dicho que el problema de las etiquetas es muy grave por el modo de formularlas. Lo mejor sería no poner etiquetas a nadie tan alegremente, y menos si son negativas. Una diferencia entre una persona positiva y una persona negativa es la manera que cada una tiene de explicarse los acontecimientos en los cuales está involucrada. Una persona positiva dirá de un hecho negativo que es algo puntual y relacionado con ese momento concreto en que se produjo, y no se culpará de todo si ella no tiene toda la culpa. En cambio, una persona negativa y con baja autoestima dirá de ese mismo hecho que ella siempre hace las cosas mal y que toda la culpa es suya. Pongamos por ejemplo el caso de una persona que robó en unos grandes almacenes cuando tenía 15 años. Una persona negativa diría: «Soy mala, soy una ladrona». Una persona positiva lo recordaría como algo que ahora no repetiría y, simplemente, se reiría de las cosas que se hacen en la adolescencia. ¿De qué sirve amargarse por algo que ocurrió hace diez años, cuando se trató de un hecho aislado que no se ha vuelto a repetir? Desgraciadamente, la realidad es que la persona negativa o pesimista está constantemente arrojándose piedras sobre su propio tejado. ¿Quiere decir esto que si dejamos de lanzarnos piedras contra nosotros mismos estaremos mejor? Pues, indudablemente, sí. Pero con eso no basta. La percepción negativa de nosotros mismos también afecta a la percepción de las cosas y de las personas que nos rodean, y a nuestra visión del mundo y de la vida en general.

LA AUTOESTIMA SE BASA EN EL HECHO DE ACEPTAR EL ÉXITO Y TOLERAR EL FRACASO

Autoevaluación negativa

Puedes pensar que un «cambio de chip» no es suficiente para que las cosas empiecen a funcionar. Puede que te consideres feo o fea, que no tengas trabajo o que nunca hayas conocido a nadie interesante. Y tienes razón cuando piensas que todo esto no te lo puede dar un libro. Pero este libro puede ayudarte a confiar un poco más en ti; puede animarte a seguir luchando para no rendirte. De hecho, ser perseverante y saber dar a las cosas el valor real que tienen sin angustiarse, son actitudes que nos pueden ser de mucha ayuda en momentos críticos. Imagina, por ejemplo, que eres una adolescente tímida y con baja autoestima que quiere salir con un chico; si te sientes derrotada antes de intentarlo, probablemente no saldrás nunca con él. No sabes si ese chico quiere salir contigo porque todavía no se lo has pedido. Puedes pensar —y de hecho así es como piensa una persona pesimista— que no le interesas porque él no te ha pedido nunca una cita. Imagina por un momento que él está convencido de lo mismo: que no te interesa lo suficiente como para pedirle que salga contigo. ¿Tú? ¿Y por qué no? ¿Por qué tiene que ser él el que tome la iniciativa? Millones de ejemplos de esta y otras épocas más conservadoras podrían echar a rodar ese razonamiento que utilizas como excusa para no actuar. No intentas nada porque así no tienes que sufrir ni temer nada. Lo que pasa es que como no te valoras y no te consideras digno de merecer nada, crees —y eso es lo peor— que los demás piensan lo mismo de ti.

SI ALGO NO SE INTENTA, NO SE CONSIGUE

El temor al rechazo

La pasividad es una defensa que nos protege del temor al rechazo. En el caso del chico que no se atreve a buscar trabajo o ir a una entrevista, la pasividad hará que no lo busque o bien que no se presente a la entrevista. Así no tendrá que angustiarse ni pasar por el mal trago de no ser escogido. Esta pasividad no es innata, es producto de nuestros pensamientos negativos. Somos nosotros mismos los que, a menudo, nos cerramos las puertas. Puede ser que no nos elijan, pero en nuestras manos está el intentarlo todas las veces que sean necesarias. La baja autoestima nos roba ese derecho; es más: nos derrota antes de intentarlo.

LA BAJA AUTOESTIMA NOS ROBA EL DERECHO DE INTENTAR ALCANZAR, LAS VECES QUE SEAN NECESARIAS, CUALQUIER OBJETIVO IMPORTANTE

Perseverancia

Puedes pensar que en tu caso no es cierto porque ya lo has intentado y crees que no merece la pena volver a intentarlo —salir con el chico que te gusta, conseguir ese trabajo que siempre has querido—. Pero lo cierto es que, normalmente, el éxito es de los que perseveran. Las personas que triunfan son perseverantes. Pero otro problema de las personas con baja autoestima es que no se creen con derecho al éxito. ¿Y por qué estas personas se creen sin este derecho? Porque consideran que es demasiado difícil para ellas, que eso les va a exigir demasiado y que no van a estar a la altura; en una palabra: que van a fallar. Y eso es lo que temen las personas con baja autoestima: fallar. Por ese motivo temen también el triunfo, porque cuando alguien intenta triunfar ¡puede fracasar!, y como no quieren correr ningún riesgo, dejan pasar cualquier oportunidad de alcanzar el éxito en sus vidas.

Pero ¿qué es tener éxito? Generalmente, cuando nos referimos al éxito pensamos en alguien que gana mucho dinero o que tiene poder, pero, en realidad, los éxitos se tienen todos los días, ayudando a un amigo o a algún miembro de nuestra familia, consiguiendo un pequeño logro en el trabajo, una cita para el sábado, una alabanza. O ¿qué te creías que era el éxito? ¿Salir en *The New York Times*? Tener éxito es sentirse bien con lo que uno hace, sentirse realizado. Y si los demás nos lo reconocen, pues mejor. Sólo la perseverancia abre camino al éxito.

EL ÉXITO ES DE LOS PERSEVERANTES

La ley de la probabilidad

Hace poco, en una famosa serie de televisión, una chica que perseguía con insistencia a un chico le decía lo siguiente: «No es que yo te haya perseguido mucho, es que no te he perseguido lo suficiente». Al final la chica no se queda con él pero, a pesar de ello, podía estar orgullosa de haberlo intentado. ¿Piensas que no es suficiente? ¿Por qué? ¿Crees que mereces más? Sin embargo, de entrada, te niegas la oportunidad, aunque, si lo intentaras, querrías que sirviera para algo, ¿no es así? ¿Qué te parecería, entonces, perder el miedo? ¿Qué te parecería darte cuenta de que puedes conseguir otras cosas? Para «llegar y besar el santo» hay que tener en cuenta las leyes de la probabilidad. Y nosotros tenemos que poner todo lo que esté a nuestro alcance para que esa probabilidad sea mayor. Imagínate a un niño que quiere coger una caja de galletas que hay sobre el armario. Acerca una silla, pero no llega; apila varios libros, pero tampoco lo consigue. Este niño puede hacer dos cosas: desanimarse porque aún no tiene las galletas o volver a intentarlo. Uno de los problemas de las personas pesimistas o con baja autoestima es que ni siquiera acercan la silla al armario. Las galletas están muy altas. No se ven capaces de llegar a ellas. Y como que no llegan y no vuelven a intentarlo, se quedan sin galletas. Están convencidas de que no lo conseguirán por la sencilla razón de que ni siquiera lo han intentado.

LAS PERSONAS CON BAJA AUTOESTIMA NO SE EQUIVOCAN CUANDO DICEN QUE NO CONSEGUIRÁN UNA COSA PORQUE NI SIQUIERA LO INTENTAN

Temor al fracaso

Otro de los problemas de las personas con baja autoestima es que desean «llegar y besar el santo», no se esfuerzan porque su miedo al fracaso les hace temer que las cosas no salgan bien y por eso desisten al primer contratiempo. Estas personas han aprendido la imposibilidad y no la posibilidad. Su aprendizaje ha sido negativo e irracional. Han aprendido el no, en vez del sí. Su miedo les afecta como personas y les impide desarrollar todo su potencial.

LAS PERSONAS CON BAJA AUTOESTIMA HAN APRENDIDO EL NO (LA IMPOSIBILIDAD) EN VEZ DEL SÍ (LA POSIBILIDAD)

Si las cosas no les salen a la primera, creen que no vale la pena intentarlo. Imagínate que te cuentan un chiste y que no lo entiendes a la primera, sería absurdo perdérselo por no pedir que te lo vuelvan a explicar; o que ves a un amigo en el metro, lo llamas y este no te oye. ¿No volverías a intentarlo? ¡Claro que sí! Pero esto puede ser terrible en otros ámbitos. Piensa en cuáles. A mí se me ocurren muchos ejemplos en los cuales valdría la pena repetir, como por ejemplo jugar a la lotería (¿conoces a alguien que le haya tocado la lotería y que sólo haya jugado una vez?), encestar una pelota de baloncesto en la canasta, besar, escribir, leer, caminar, manejar el ordenador, ir en bicicleta, etc.

ES LÍCITO REPETIR SI ALGO NO SALE A LA PRIMERA

La teoría 606

¿A que no sabes por qué Paul Ehrlich, la persona que desarrolló el fármaco contra la sífilis, lo llamó 606? Pues porque lo había intentado 605 veces antes y había fracasado. 605 derrotas son muchas, ¿no crees? Pero ¿a que valió la pena? Las personas con baja autoestima no aceptan el fracaso; tanto es así, que ni siquiera intentan conseguir el éxito. Estas personas tienen interiorizada una serie de creencias erróneas que les lleva a adoptar actitudes excesivamente perfeccionistas.

LAS PERSONAS CON BAJA AUTOESTIMA NO INTENTAN ALCANZAR EL ÉXITO PUESTO QUE NO ACEPTAN EL FRACASO QUE ESTE PUEDE IMPLICAR

Reaprendizaje

Los estoicos (Epicteto y sus seguidores) afirmaban que «Todo lo que sucede es bueno para mí y es absolutamente necesario». El éxito reporta satisfacción. Pero ¿y el fracaso? Del fracaso siempre podemos aprender algo. Podemos, por ejemplo, aprender a corregir. Corregir no es malo ni humillante, es aproximarse a lo que queremos y no hemos podido conseguir de entrada, como, por ejemplo, un poema, un problema de física, una relación, una receta, etc. Incluso podemos descubrir que es posible reaprender conductas que considerábamos negativas. Pongamos por caso que nunca hemos aprendido a pedir las cosas por favor y que, cuando pedimos algo, no siempre conseguimos de los otros la respuesta que queremos. Imagina que consultamos con un amigo y que este nos dice que es nuestra poca educación la que nos impide conseguir las cosas de una manera más sencilla y agradable. Podemos reaprender una conducta negativa y sustituirla por otra más positiva, y esta conducta que antes ignorábamos nos facilitará mucho las cosas y nos hará más felices. Lo mismo sucede con muchas de las costumbres y hábitos dañinos que tenemos. Como nadie nos ha enseñado a tener otras respuestas mejores, tendemos a pensar que son las únicas que existen y, por consiguiente, que son inamovibles. Pero lo cierto es que, afortunadamente, ¡podemos cambiarlas!

TODO LO QUE HEMOS APRENDIDO PUEDE REAPRENDERSE

Temor al éxito

Ser perfeccionista implica seguir un ideal que muy pocas veces se da en nuestra vida. El problema surge cuando la persona alcanza el éxito pero no se cree merecedora del mismo. Lo que ocurre es que piensa justo lo contrario de lo que suele pensar cuando sucede algo malo. Si cuando sucedía algún hecho negativo creía que sólo ella tenía la culpa porque siempre hacía las cosas mal, cuando sucede algo bueno cree que se trata de un hecho puntual, producto de la suerte. Estas personas focalizan su éxito en un ámbito muy concreto y lo minimizan tanto como ellas se minimizan a sí mismas.

LAS PERSONAS CON BAJA AUTOESTIMA NO SE CREEN MERECEDORAS DEL ÉXITO

Error del adivino

Pongamos por caso que el chico que te gusta te pide una cita y sale contigo. Si fueras una persona con baja autoestima pensarías que está contigo porque «Seguro que esta noche no tenía ningún plan y por eso ha recurrido a mí», «Debe de pensar que estoy desesperada, le he dicho que sí a la primera», «Seguro que piensa que soy fácil», etc. ¿Y por qué piensas eso? Pues porque te previene del hecho de que pueda pasar alguna cosa como, por ejemplo, que el chico se aburra y no quiera volver a salir contigo. ¿Cómo puedes prever esto? No eres ninguna vidente. Sencillamente, no puedes. En cambio, lo que sí haces con tu actitud de autorrechazo es provocar que los demás te rechacen. Con eso no quiero decir que si te creyeras una top model, segura de ti misma, el chico volvería a salir contigo; lo que quiero decir es que con tu actitud impides que se pueda producir una segunda cita. Puesto que no te crees lo suficientemente buena, te cuesta creer que el chico quiera salir contigo o que piense que eres una chica atractiva. Tu temor a tener una segunda cita hace que te anticipes a su posible rechazo para no sufrir una decepción mayor, como si el hecho de ver venir un martillazo te aliviara el dolor del golpe. Puedes pensar que si lo vieras venir, lo esquivarías, que sería un instinto reflejo. Pero ¿qué tienen de instintivo tus razonamientos basados en la adivinación? No esquivas los golpes porque, a menudo, lo que tú crees que son golpes en realidad no lo son. No esquivas nada malo. ¡Lo que esquivas es la felicidad!

LOS DEMÁS NO PIENSAN NI SIENTEN LO MISMO QUE NOSOTROS, POR TANTO, NO PODEMOS SABER LO QUE PIENSAN O SIENTEN

Nulo afán de superación

Pensemos por un momento qué pasaría si todo nos saliera a la primera: citas, trabajo, amistades, familia, etc. ¿Seríamos más felices? ¿Qué sentido tendrían entonces el esfuerzo, el aprendizaje, el deseo, la lucha y el dolor? Todos estos procesos o sentimientos existen por algo. Forman parte de la vida, de una vida que las personas con baja autoestima rechazan porque creen que es incompatible con la auténtica felicidad. Creen que el esfuerzo es inútil; no soportan el dolor y por eso lo evitan; no se ven capaces de aprender; temen desear y temen, también, luchar. Por más que el dolor y el esfuerzo pueda asustar son cosas que forman parte de la vida; si las evitas, en parte estarás evitando también la vida. Sin esfuerzo no hay instinto de superación.

LAS PERSONAS CON BAJA AUTOESTIMA NO VALORAN EL ESFUERZO Y NO SOPORTAN EL DOLOR

Filtración negativa

Imaginemos a un chico bajito y con gafas, aficionado al baloncesto, cuyo mayor sueño es jugar en la NBA. Las probabilidades reales de entrar en la NBA son muy escasas, por no decir nulas. Una cuestión de altura se lo impide. Por este motivo ¿se debe considerar un fracasado? Si esta persona tuviera una autoestima baja creería que sí y no se conformaría con ser uno de los mejores jugadores del país y jugar en un equipo de primera. Lo único que vería es que nunca podría ir a la NBA. ¿Dónde está el problema? Según él, en el hecho de ser bajito y blanco. Una persona con un poco más de sentido común diría que el sueño y la meta eran imposibles. Como lo es también soñar que nos tocará la lotería o pensar que en el mundo desaparecerá la violencia. Los sueños, a menudo, son recreaciones de nuestros deseos y, como tales, nos hacen la vida un poco más alegre. Pero no se tienen por qué seguir a rajatabla. Oí una vez que «la forma de los sueños cambia». Y si la forma de los sueños cambia, ¿por qué seguimos emperrados en tener aquello que no podemos tener? Y ¿por qué nos consideramos unos fracasados si no lo conseguimos?

Aquí se plantean dos cuestiones que tienen que ver con la persona con un bajo nivel de autoestima. La primera es su tendencia a no ver lo bueno de las cosas, ya que sólo está atenta a lo malo. Y la segunda, la de creerse con derecho a todo.

Pensamiento «todo o nada» o globalización

Fijarse sólo en lo malo equivale a ver la mitad de las cosas y, precisamente, aquellas que nos hacen daño. Esta forma de pensamiento, además de no ser realista, es contraproducente y deriva en otra forma de pensamiento que también es engañosa: la del «todo o nada». El hijo de un amigo me dijo que no tenía «nada» porque no tenía trabajo. Eso era totalmente falso. No me costó ningún esfuerzo recordarle que tenía una buena familia, una novia estupenda, una buena carrera, un montón de amigos, juventud, salud, un techo donde dormir y una mesa a la que sentarse. ¿Eso no era «nada»? A las tres semanas encontró un trabajo. Cuando nos volvimos a ver le dije en tono de broma: «¿Ya lo tienes "todo"?».

FIJARSE SÓLO EN LO MALO EQUIVALE A VER LA MITAD DE LAS COSAS

Este chico se consideraba un fracasado porque no tenía cubierta una determinada área de su vida, y eso le llevaba a pensar que no tenía nada. Se fijaba sólo en lo que le faltaba e infravaloraba aquello que sí tenía. Todo ello hacía que se sintiera muy desgraciado y que no se valorara. De ahí a subestimarse había un paso. Una vez metido en la dinámica de no valorarse él mismo, llegaría a sentirse inferior al resto de la gente porque no tenía algo que los demás sí teníamos: un trabajo.

Comparación

Compararnos con los demás puede llegar a ser muy doloroso. Inconscientemente creemos que tenemos que ser como los modelos de perfección que tenemos inculcados, y si no conseguimos ser iguales que ellos nos sentimos mal, por debajo de la media y, evidentemente, inferiores. Creerse con derecho a todo es dañino, poco realista y doloroso. Pero hay quien piensa: si todo el mundo tiene pareja ¿por qué yo no?; si todo el mundo trabaja ¿por qué yo no?; si todo el mundo tiene una buena familia ¿por qué yo no?; si todo el mundo tiene coche ¿por qué yo no?... Este tipo de cosas son las que se diría una persona que no se quisiera lo suficiente y que no se creyera tan buena como los demás para merecer algo que los demás tienen y ella no. Pero esto no es verdad. En primer lugar porque no todo el mundo tiene pareja, trabajo, familia o coche. ¿Acaso las palabras soltero, parado, huérfano o transeúnte se han inventado exclusivamente para esa persona? Evidentemente, no. Existen porque hay miles de personas que viven sin alguna de esas cosas.

NADIE ES TAN BUENO COMO PARA MERECERLO TODO, NI TAN MALO COMO PARA NO MERECER NADA

Desprecio

Seamos sinceros y realistas a la hora de pensar por qué no tenemos lo que no tenemos. Un oficinista, simpático y un poco gordito, se despreciaba constantemente y acusaba a las mujeres de querer a los hombres sólo por su físico. Cualquiera sabe que un buen físico es una puerta de entrada para muchas cosas, como una recomendación en el trabajo. Sin embargo, no es un factor determinante para que, por ejemplo, una relación de pareja o un trabajo salgan bien. Un buen físico, seguramente, proporcionará más oportunidades, como también lo harán el carisma, la simpatía o la popularidad. Pero eso no significa que una persona fea no tenga ninguna oportunidad.

Razonamiento emocional

Lo que le pasaba a este oficinista era que no se valoraba a sí mismo y no potenciaba los otros aspectos buenos que sí tenía. Ser «feo» significaba para él «ser tonto, tener mala suerte, no ligar nada y ser rechazado». Su «fealdad» englobaba toda su personalidad y condicionaba su existencia. Sus compañeras de trabajo no entendían su postura y cuando alguna le hacía un poco de caso, él lo estropeaba recordándole que había personas más interesantes que él y que no perdiera el tiempo; o si no, la acusaba de ir con él por caridad, con lo que la mujer, creyéndose lo que él le decía, se sentía mal y se alejaba.

Necesidad frente a deseos

Una baja autoestima, además de causar infelicidad porque hace que la persona no se valore lo suficiente, impide que esta pueda alcanzar sus objetivos. Además, hace ver las cosas de forma muy negativa; aleja las esperanzas y desestima el esfuerzo porque desprecia la recompensa. Una persona con baja autoestima no arrimaría la silla al armario, ¿para qué? si de todas maneras no va a llegar a la caja de galletas. Y si lo hiciera ¿para qué tanto esfuerzo? Las personas con baja autoestima permanecen inmóviles en su segura y cómoda negatividad creyendo que no tienen las mismas oportunidades que los demás y envidiándoles por su suerte. A menudo se asustan cuando escuchan hablar de perseverancia, esfuerzo, lucha o sacrificio. Sin embargo, no siempre las cosas son tan difíciles ni implican hacer grandes sacrificios. Ver los almendros florecidos o contemplar un amanecer es fácil y asequible, como también lo es ver una buena película. Las personas que tienen un bajo nivel de autoestima casi nunca se regalan nada bonito. Sólo están preparadas para ver cosas negativas. Y con esto no quiero decir que lo negativo no exista, nos rodea por todas partes. Pero la belleza y la alegría también existen. No se necesita ser jefe de una gran empresa para tenerlo todo. Conseguir cosas es gratificante pero también lo puede ser, por ejemplo, pasar un día en la playa.

LAS PERSONAS CON BAJA AUTOESTIMA SE DEPRIMEN Y ENFERMAN MÁS

El porqué de todo esto

Muchas personas se preguntan cómo es posible que el tener una baja autoestima pueda afectar de una manera tan significativa a nuestra vida. Y también se preguntan cómo es posible que cueste tanto aumentarla. Hemos visto que la baja autoestima, por un lado, afecta a nuestra conducta, limitando el desarrollo de nuestro potencial humano (impide el desarrollo de actividades que nos reportarían satisfacciones y madurez) y, por otro, nos sume en un estado de limitación personal, de inmerecimiento (nos creemos inferiores y sin derechos), que hace que nuestros pensamientos sean negativos y nos causen infelicidad.

Pero incrementar la autoestima no es algo sencillo porque la persona adulta ha creado un patrón de pensamiento y actuación, más o menos fijo, que es difícil de variar. La autoestima, con los años, tiende a ser estable. Es conservadora y, por tanto, a menudo pone frenos a su propio crecimiento, impidiendo el desarrollo óptimo de la persona. Veamos por qué sucede eso.

A lo largo de nuestra vida, pensamientos, valores y experiencias (además de otras muchas circunstancias) han formado nuestro actual nivel de autoestima. Si hemos conseguido un buen nivel de desarrollo personal y de crecimiento interior, nuestra autoestima será positiva, porque habremos sabido enfrentarnos a retos y a circunstancias más o menos difíciles. Pero si no ha sido así y tenemos una baja autoestima, esta tenderá a permanecer igual aunque esto nos limite como personas. Cuanto menos autoestima se posea, más conservadora será. Así, por ejemplo, si nunca nos hemos enfrentado a unos padres autoritarios o hemos evitado a personas que representan autoridad, lo más probable es que de mayores tengamos problemas para enfrentarnos a ellas y seamos incapaces de responder eficazmente ante situaciones en las que dichas figuras de autoridad estén implicadas. Lo más lógico, por nuestro patrón de experiencia, sería evitar estas situaciones, ya que eso es lo que hemos aprendido. Sin embargo, el hacerlo mermaría nuestro sentido de la competencia y, por consiguiente, nuestra autoestima. Superar este reto supondría un paso significativo para nosotros; a pesar de ello, lo más probable es que no lo hagamos, principalmente por dos motivos: Primero, porque no tenemos un patrón de referencia de éxito ante una situación semejante, sino todo lo contrario. Hemos aprendido a evitar este tipo de situaciones, no a superarlas. Segundo, porque en el caso de intentar superar este reto, lo más probable es que no lo consiguiéramos, puesto que no hemos aprendido las habilidades necesarias para realizar este afrontamiento con éxito; con ello estaríamos reforzando nuestra actitud de siempre, es decir, la de evitar el conflicto. Por tanto, no sólo continuaríamos como hasta ahora (evitando la autoridad) sino que, además, estaríamos convencidos de que es lo único que podemos hacer.

Por poner otro ejemplo, imagínate a una persona a la cual siempre le ha dado miedo conducir y que, después de sacarse el carnet, sufre un pequeño accidente con su coche. Esto, probablemente, reforzaría su temor y haría necesario un gran esfuerzo por su parte para superarlo y conseguir, así, conducir con cierta pericia. Por desgracia, pocas veces se dan en nuestra vida ejemplos tan evidentes de los que podamos ser conscientes. Lo que hacemos normalmente es evitar las situaciones conflictivas y, gracias a una fuerte autocrítica nutrida de pensamientos perturbadores y falsas creencias, reforzar la idea de que no podemos hacer más de lo que ya hacemos.

LA AUTOESTIMA ES CONSERVADORA Y CUANTO MENOS SE POSEE MÁS CONSERVADORA ES

Es irracional, pero no es ilógico

La conducta y los pensamientos de una persona con baja autoestima se refuerzan ante el patrón de la experiencia vivida y de los escasos logros conseguidos. Dicho de otra manera, ante una situación desconocida, la persona no posee las habilidades necesarias para llevarla a cabo con ciertas garantías de éxito y, por eso, teme al fracaso. Por otro lado, no superar una prueba comporta un sentimiento de incompetencia que se desea evitar a toda costa. Este tipo de respuestas va creando un patrón de comportamiento muy difícil de romper.

Pero no sólo las conductas de evitación de retos son contraproducentes; también lo son, como veremos, los pensamientos o las creencias que refuerzan este tipo de actitud, incluida la crítica patológica. Todo esto es lo que mantiene nuestra autoestima en unos niveles inferiores a los necesarios para conseguir un óptimo desarrollo personal y disfrutar de una vida productiva y positiva.

La baja autoestima «compensa» de alguna manera

La baja autoestima, con todos sus mecanismos de defensa, mantiene a la persona en una posición ante la vida, aparentemente, cómoda y fácil. La persona con baja autoestima evita los riesgos, los conflictos, los retos... No se expone a situaciones incómodas ni de responsabilidad. Pero no es feliz, aunque esté cómoda y segura. No sabe defenderse; ha aprendido los mecanismos de huida, pero no de afrontamiento; obedece creencias que la perjudican; quiere ser aceptada y mantiene relaciones pobres en las que no comunica sus deseos y hace todo lo que se le pide por temor a ser rechazada; no exige ni ejerce sus derechos como persona; sus elecciones suelen ser ineficaces para sus propósitos; se exige mucho y tiene un bajo concepto de sí misma; se ve como una inadaptada y una fracasada, y vive en un estado de culpabilidad y temor casi constantes. En definitiva, es una persona destinada a la humillación, la carencia y el fracaso.

LA PERSONA CON BAJA AUTOESTIMA ES UNA PERSONA DESTINADA A LA HUMILLACIÓN, LA CARENCIA Y EL FRACASO

La persona con baja autoestima no es libre y, además, teme serlo porque para ello tendría que reajustar todo un patrón de pensamiento y de actuación, tanto en el ámbito de la competencia como en el del merecimiento. Este patrón es el que ha mantenido durante toda su vida; se ha ido forjando sobre sus experiencias y estas, a su vez, han ido marcando una tendencia.

Tal como hemos dicho con anterioridad, las experiencias negativas marcan más profundamente que las positivas, sobre todo en los casos de baja autoestima, en los que la persona tiende a focalizar los aspectos negativos y a obviar los positivos. Todo ello explica el hecho de que la persona con baja autoestima crea que no tiene más opciones que las que ha tenido hasta ahora y que le sea casi imposible romper con esa tendencia.

La «compensación» proviene de la necesidad de tener la seguridad de que se está haciendo lo «correcto», lo «establecido», lo «inculcado», lo «aprendido», así como de una conducta que tiende a evitar el afrontamiento y el riesgo. De esta manera, es muy difícil que una baja autoestima pueda incrementarse.

CARACTERÍSTICAS BÁSICAS DEL PATRÓN COGNITIVO DE UNA PERSONA CON BAJA AUTOESTIMA

¿Cómo se refuerza negativamente una baja autoestima? Existen varios mecanismos que ya hemos calificado de irracionales y contraproducentes. Estos mecanismos provienen de diversas fuentes de aprendizaje (familia y entorno social) que, con el tiempo, han llegado a convertirse en la única opción viable que el individuo conoce.

Pero veamos cuáles son estos mecanismos para identificarlos y, llegado el caso, combatirlos. Todos ellos tienen lugar en un nivel cognitivo (de pensamiento) y, también, conductual. A continuación, examinaremos los primeros. A este grupo pertenecerían los pensamientos perturbadores, los «debería» y la autocrítica patológica. Tres subgrupos que podrían incluirse dentro de un único grupo: el de la autocrítica, pero que trataremos aquí por separado para facilitar su comprensión.

Pensamientos perturbadores

Los pensamientos perturbadores son hábitos negativos de pensamiento que causan muchos problemas, sobre todo porque nos influyen a la hora de percibir la realidad y nos hacen creer que es tal como nosotros la vemos. Hemos de matizar que, a pesar de que cada cual tiene una percepción distinta de la realidad, a algunas personas esta percepción les aleja tanto de la misma que lo que perciben es una falsa realidad, negativa, dolorosa y, muchas veces, desesperanzadora.

TANTO SI EL RAZONAMIENTO ES EMOCIONAL COMO SI ES AUTÓMATICO, NO ES RACIONAL NI REALISTA

Esta visión de la realidad negativa y distorsionada está basada en las emociones y en pensamientos automáticos (perturbadores), no en procesos racionales. Tanto si el razonamiento es emocional como si es automático, no es racional ni realista. Por un lado, basar la realidad en los sentimientos es falaz y desesperanzador. Juan se sentía mal porque su novia había roto con él. Se sentía abandonado y triste y, como se sentía solo, pensaba que nadie lo quería. Este sentimiento lo hacía extensivo a toda su vida presente y futura. Por más dolorosa que fuera, esta situación era transitoria y, por tanto, tenía fecha de caducidad. Pero Juan era incapaz de ver las cosas de esta manera y tendía a creerse lo que sentía: «Me siento solo. Siempre estaré solo».

Por otro lado, los pensamientos crean las emociones, así que si los pensamientos son negativos, las emociones serán negativas. Como veremos a continuación, existen muchos pensamientos sobre la realidad que no son verificables y que nos provocan emociones negativas.

**LOS PENSAMIENTOS CREAN LAS EMOCIONES.
SI LOS PENSAMIENTOS SON NEGATIVOS, LAS EMOCIONES TAMBIÉN LO SERÁN**

Un paso fundamental para conseguir mejorar la propia autoestima es reconocer este tipo de pensamientos perturbadores que se generan en nuestra mente de una forma automática. Reconocerlos es importantísimo para poder rebatirlos cada vez que los tengamos. Pero esto no es algo que podamos conseguir con la simple lectura de un libro, ya que llevamos toda la vida generándolos y, por lo tanto, estamos muy acostumbrados a ellos. Para poder hacerles frente, tenemos que reconocerlos. Al identificarlos, los combatiremos contrastándolos con pensamientos racionales. Sólo así los pensamientos perturbadores se irán desvaneciendo, poco a poco.

Tal vez te preguntes, y con razón, que por qué generamos este tipo de pensamientos que nos hacen sentir incapaces, inútiles o desdichados. Existe una causa que explica o justifica, en parte, la dura y severa autocrítica que nos infligimos. Ya hemos visto que la autoestima tiende a la estabilidad por instinto de conservación: así se preserva ante una posible pérdida. La autoestima, entre otras cosas, cumple una función protectora de sí misma y del individuo, e impide que se pueda perder el sentido (aunque sea escaso) de la competencia y del merecimiento que se posee. Cuanto menor sea la autoestima, más conservadora es. Tal vez pienses que: «Si se supone que la autoestima nos protege ¿por qué nos hace sentir como inútiles y ver las cosas de forma negativa?». Por una razón que no deja de ser un tanto paradójica. Si uno se ve incapaz de realizar una tarea, no la realiza. Y si no la realiza, no fracasa. Y si no fracasa, no pierde, en este caso, su sentido de la competencia (muy vinculado a la autoestima). Por eso la autoestima tiende a la estabilidad y por eso resulta tan difícil aumentarla. Muchas veces preferimos lo malo conocido que lo bueno por conocer. Esta es la máxima que acostumbra seguir la persona con baja autoestima. De hecho, una de la formas que tiene de preservarse de las situaciones nuevas es a través de este tipo de pensamientos.

LA AUTOESTIMA TIENDE A LA ESTABILIDAD PORQUE ES CONSERVADORA

¿Por qué este tipo de pensamientos ataca nuestra autoestima? La atacan sólo en apariencia; no es más que una mera defensa para evitar las situaciones de peligro que puedan provocar una pérdida de la misma. Parece complicado pero en el fondo es muy sencillo: la autoestima que poseemos, ya sea baja, media o alta, tiende a permanecer estable. Así, una persona con un bajo nivel de autoestima evitará, a toda costa, situaciones que puedan hacerle daño y que pongan en peligro la poca autoestima que ya tiene. De este modo, por ejemplo, no se presentará a una entrevista de trabajo para evitar que la rechacen. Lo mismo sucedería con una cita o con cualquier situación, por intrascendental que parezca. Este tipo de pensamientos perturbadores, a su manera, la estarían protegiendo impidiéndole la ejecución de cualquier acto que pudiera arriesgar su ya maltrecho sentido de la competencia (si no consigue el trabajo) o del merecimiento (si es rechazada en la cita).

Los pensamientos perturbadores casi siempre actúan como frenos de una actuación racional que puede conllevar algún peligro para nuestra autoestima. Si pensamos que no nos quieren invitar a una fiesta no preguntaremos nada y, por tanto, evitaremos que nos digan que, en efecto, no nos invitan. Los pensamientos perturbadores muchas veces actúan coartando nuestras actuaciones cuando, por el contrario, una de las formas más probadas que existen para aumentar la autoestima es, precisamente, a través de la acción. Pero nos sentimos tan incapaces que no nos atrevemos a actuar. «Es preferible sentirse mal a sentirse peor», parece decir nuestra voz interior. Y no nos concede la posibilidad de contrarrestar esta creencia. De esta manera, la posibilidad de sentirnos bien se tiñe de negro, se anula.

LOS PENSAMIENTOS PERTURBADORES CASI SIEMPRE ACTÚAN COMO FRENOS

Pensamiento todo o nada

Un pensamiento perturbador que se suele dar con bastante frecuencia es el de «todo o nada». Muchas personas con baja autoestima creen en el nunca y en el siempre, en las cosas buenas o malas... Estos estándares absolutos no les benefician porque no son sanos ni reales. Crean estereotipos muy dañinos en el individuo con baja autoestima, quien, para librarse de la etiqueta absoluta y negativa, aspira a una perfección todavía más irreal. Y, al no lograrla, lógicamente, sufre, ya que si no alcanza un objetivo pasa a ser, de manera automática, un inútil o un fracasado.

Este tipo de personas también tienden a evaluar los acontecimientos y los sucesos de esta manera polarizadora. Todo es blanco o negro. No tener un empleo pasa a ser no tener nada. No tener pareja significa estar solo siempre. Este tipo de planteamiento poco realista de la vida crea en ellas una constante insatisfacción que las lleva a deprimirse por no poder cumplir sus expectativas. Y es que lo tiene realmente difícil ya que los absolutos no existen, al menos en este mundo.

Generalización excesiva

Otro pensamiento perturbador muy común es la generalización excesiva. Por ejemplo, cuando a una persona con baja autoestima no le sale algo como desea, pongamos por caso preparar una paella, tiende a decir que «La paella no me sale *nunca* bien» o «*Siempre* me sale mal». ¿Realmente *nunca* le sale bien? Ella cree que sí y pierde su fe en sí misma. Esta persona evitará hacer paellas porque está convencida de que *nunca* le saldrán bien.

De un hecho negativo, una persona con baja autoestima

extrae una regla general que se acaba creyendo. Esto se debe al hecho de que teme volver a sufrir la situación desagradable que le causó malestar o sufrimiento, y la única forma de hacerlo consiste en evitarla con pensamientos del tipo: «A mí esto no me sale», «Me van a decir que no» o «Siempre me sucede lo mismo». La persona con baja autoestima evitará hacer aquello que nunca le sale: una paella, pedir una cita, solicitar un aumento de sueldo, etc. Como una vez no salió bien, cree que nunca saldrá bien. Generalizar excesivamente es falsear la realidad, pero la persona con baja autoestima tiene tan interiorizada esta regla que apenas se da cuenta de lo absurda que es y de que es ella misma la que limita sus posibilidades al creer que siempre tiene que pasarle algo malo.

Filtro mental

Ver sólo los aspectos negativos de una situación o de un suceso o valorar negativamente las cosas son actitudes propias de la persona con baja autoestima, cuyos pensamientos perturbadores la alejan de la realidad de una forma muy dañina. Aunque en la vida hay de todo (cosas buenas y malas, neutrales, excelentes, detestables, indiferentes...) *las cosas* buenas acostumbran obviarse, no tenerse en cuenta, de modo que la vida se convierte en un lugar terriblemente negativo para la persona.

Una persona con baja autoestima será incapaz de reconocer sus virtudes; tomará por descalificación la más mínima crítica; detestará su empleo; encontrará defectos en todo lo que hace y le costará hallar motivos para alegrarse y ser feliz.

Descalificación de lo positivo

Ante un halago, hay personas que se alegran, otras que se sonrojan e, incluso, las hay que no se creen merecedoras de él. Existe, además, otro grupo de personas que no sólo no se creen el halago sino que, detrás de él, parecen ver algún interés. Estas personas tienen un bajo concepto de sí mismas y son incapaces de aceptar que algo bueno les pueda suceder. Cuando consiguen algún éxito siempre lo atribuyen a la suerte o a las circunstancias, nunca a ellas mismas. Pero además de infravalorar todo lo bueno que les acontece, estas personas lo transforman de una forma inteligente y rápida en algo malo. El elogio pasa a ser coba interesada; el ascenso, responsabilidad; el notable, poca aplicación ya que podía haber sido sobresaliente, etc.

Conclusiones apresuradas

Las conclusiones apresuradas son conclusiones negativas que, de forma injustificada, extraemos para explicarnos según qué cosas. La «lectura del pensamiento» y el «error del adivino», que explicaremos a continuación, son dos ejemplos de este tipo de conclusiones que damos por válidas sin detenernos a meditarlas y comprobarlas.

Una persona con baja autoestima, acostumbra pensar mal de sí misma y creer que los demás también lo hacen; por eso decimos que lee el pensamiento de los demás cuando les atribuye pensamientos negativos sobre su persona. Si, por casualidad, alguien no la saluda es porque no le cae bien; si alguien cuchichea a sus espaldas, es que está siendo criticada; si alguien se ríe, seguro que se ríe de ella... Esta persona extrae conclusiones apresuradas, poco objetivas y muy negativas, que la hacen sufrir. Y actuará en consecuencia con lo que ha pensado malogrando, muchas veces, su relación con los demás. Esta persona comete el error del adivino. Así, dejará de saludar a la persona que no la ha saludado; detestará a los que la critican, y se sentirá fatal porque se han reído de ella. Con esta actitud y este tipo de pensamientos, lo único que conseguirá es sentirse abrumada y afligida, cosa que por un lado confirmará sus sospechas y, por otro, empeorará sus relaciones.

Extraer conclusiones apresuradas de carácter negativo y saber por qué los demás actúan de una determinada manera (lectura del pensamiento) fulmina la seguridad y conduce al retraimiento o a posturas defensivas (error del adivino). Este tipo de pensamientos perturbadores que nunca se cuestionan sólo provocan amargura y malestar. Una persona con baja autoestima no intentará conseguir algo que ya considera perdido o imposible. Si ya sabe que no le van a conceder un trabajo, no se presentará a la entrevista; si ya sabe que no lo va a pasar bien, no irá a la fiesta; si ya sabe que le dirán que no cuando proponga una cita, no la propondrá nunca, etc.

PREDECIR NEGATIVAMENTE EL FUTURO SÓLO LLEVA A LA DESESPERANZA

Magnificación y minimización

Aumentar los fracasos y reducir los éxitos; acentuar los defectos y menoscabar las virtudes; regodearse en las desgracias y obviar las buenas épocas de forma exagerada... no es sólo contraproducente, sino poco realista. Magnificar lo malo de uno mismo y minimizar lo bueno hace que la persona con baja autoestima viva de forma negativa los acontecimientos y, por tanto, que se sienta, irremediablemente, triste. Además, como este tipo de pensamiento se lo aplica a sí misma, le resulta difícil tener una visión más justa y global de ella. Su extrema dureza a la hora de autoevaluarse le impide sentirse satisfecha de sí misma, a la vez que le lleva a aplicar un criterio mucho menos desproporcionado con los demás, motivo por el cual ella siempre estará en desventaja.

Si en una fiesta o en una reunión de más de veinte personas donde todos lo estamos pasando muy bien, alguien, en algún momento, se portara de forma grosera con nosotros y, días después, algún amigo nos preguntara «¿Qué tal fue?», ¿sería justo decirle que «muy mal» sólo por aquel incidente? No estaríamos siendo justos porque estaríamos olvidando al resto de las personas (más de veinte) y todos los buenos momentos que pasamos antes del suceso desagradable. Fíjate de qué manera tan simple podemos hacer que una parte contamine el todo y que lo malo acabe extendiéndose por todos sitios: tal es el poder que le concedemos, con este tipo de pensamientos, a las cosas negativas. Con esta actitud lo único que hacemos es engrandecerlas, a la vez que reducimos a la mínima expresión las cosas positivas.

Razonamiento emocional

Definirse por lo que uno siente tampoco es realista. Las emociones no son pruebas de la verdad. Si una persona se siente mal, no necesariamente es porque haya hecho algo malo. Estar triste en algún momento no significa ser una persona triste, y sentirse culpable no equivale a haber cometido un delito o una fechoría. Sentir celos, por ejemplo, no supone que la persona que queremos nos engaña. Recuerdo el caso de la secretaria de un abogado, la cual se llevó una monumental bronca de su jefe porque, según él, había perdido unos documentos de un juicio muy importante. Después descubrió que había sido él quien los había olvidado en una cafetería. La secretaria se sentía muy mal, culpable, pero ¿realmente existían motivos para ello? Creer que las cosas son tan negativas como las sentimos, nos impide ser racionales y hace que nos dejemos llevar por los sentimientos, que, a veces, pueden llegar a ser muy destructivos.

LOS SENTIMIENTOS NO SON HECHOS. LOS HECHOS NO NOS ALTERAN, LO QUE NOS ALTERA ES LO QUE PENSAMOS

Las personas con baja autoestima tienen tendencia a pensar que las cosas son, realmente, como ellas las sienten. Y si las cosas son así es porque no pueden ser de otra manera; evidentemente, esto no es cierto pero les sirve para justificar esa resignación insana que manifiestan ante los acontecimientos negativos que siempre parecen rodearles.

Etiquetación

La etiquetación es una forma limitadora e inexacta de definir las cosas, los acontecimientos y las personas. Los individuos con un bajo nivel de autoestima cuando se autoevalúan no tienen término medio: son buenos o malos, tontos o listos, guapos o feos, triunfadores o fracasados, honestos o deshonestos, etc. Sin duda, esta equívoca clasificación etiquetadora les provoca muchos disgustos porque piensan que si no son buenos del todo es porque son malos; si no son realmente listos es porque son tontos; si no tienen éxito es porque son unos fracasados... Estas personas intentarán siempre ser perfectas, ya que el más mínimo error les hará caer, indudablemente, en el calificativo negativo; es decir, ser mediocre significaría automáticamente ser malo, porque no se es ciento por ciento bueno. No debemos olvidar que entre el bueno y el malo existen muchos otros grados, esto es, como comúnmente se dice «Entre el blanco y el negro existe una gama muy amplia de colores».

Evidentemente, su concepto de sí mismas, limitado y negativo, se extiende a todo aquello que les rodea: su trabajo, su coche, los demás... Y, como es normal, no encuentran nada bueno en lo que tienen, ya que las etiquetas que suelen emplear conllevan una fuerte carga emocional negativa. Eso hace que se sientan infelices y desdichadas. Sin embargo, las personas con una buena autoestima que no se sintieran bien, al ciento por ciento, dirían que se encuentran «normal», pero no «mal».

Personalización

Ante un hecho negativo, las personas con escasa autoestima se sienten culpables. Creen que la culpa es suya por no haberlo evitado. Creen sinceramente que deberían haber impedido, por ejemplo, que su hijo cayera enfermo; que deberían haber sabido que la Bolsa iba a bajar o que iba a hacer mal tiempo durante sus vacaciones. Se sienten mal porque personalizan de una forma irracional los acontecimientos negativos y se culpan por ellos. La personalización tiene mucho que ver con el perfeccionismo enfermizo al que aspiran estas personas: tenerlo todo bajo control es una constante en sus vidas. Nada tiene que salir mal y, si algo falla, ellos se consideran los únicos responsables.

Además suelen ver constantes reproches o ataques personales en todo aquello negativo que les sucede. Un simple comentario, por ejemplo, un «Tengo mucho trabajo» es tomado como un «No me ayudas lo suficiente». Hacen de cualquier cosa un constante ataque a su persona, de manera que su vida está siempre envuelta en una presión y un malestar continuos.

LAS CREENCIAS Y LOS «DEBERÍA»

Las creencias

La mayoría de las creencias se forman como respuesta a una necesidad básica. Las primeras creencias que tenemos surgen de la necesidad de sentirnos queridos y aprobados por nuestros padres y por nuestro entorno. Adoptamos sus creencias con respecto a muchas cosas para sentirnos queridos. Copiamos su manera de comportarse y de relacionarse con los demás; valoramos lo que ellos valoran (metas, ideología, creencias religiosas, etc.) e infinidad de pequeños y grandes gestos y reglas, imposibles de detallar. Estas creencias se tradujeron en valores tales como honestidad, compromiso, bondad, dignidad, respeto, trabajo, etc. Nuestros padres y muchas de las personas que conocemos se basaron en ellos para catalogar a los demás, incluidos nosotros mismos. Palabras como egoísta, descarado o vago también recayeron, en algún momento, sobre nosotros pero nunca nos las cuestionamos, como tampoco lo hicimos con sus contrarios positivos.

Otro tipo de creencias fueron aquellas que generó la necesidad de pertenecer y ser aceptado por los amigos o el grupo social en que nos movíamos: cómo actuar con el otro sexo, qué debía pedirse y qué no, cómo se debían afrontar las situaciones críticas y los problemas, cómo alcanzar las metas, cómo convivir con las creencias ideológicas y religiosas que nos habían impuesto, etc. La universidad y el lugar de trabajo, entre otras cosas, contribuirán a conformar nuestra personalidad y a que adoptemos creencias que nos permitan sentirnos parte integrante del grupo y no ser marginados.

Las personas nos protegemos de las emociones dolorosas como el sufrimiento o la pérdida. Tenemos necesidad de placer, de sentirnos seguros, vivos, respetados, queridos, etc. Estas necesidades nos llevan a trabajar mucho para no sentirnos unos fracasados (pseudoautoestima), a romper relaciones para evitar que nos dejen, a despotricar de un jefe tirano que nos hace sentir inseguros y fracasados.

Por ejemplo, una señora, a la que habían inculcado desde pequeña obediencia y respeto por el marido, tuvo que abandonarlo porque era muy cruel y déspota con ella. Pues bien, esta señora se sentía mal porque también le habían inculcado que «Un marido era para toda la vida». Le hice ver que no siempre se cumplen estas máximas y que, en ocasiones, había fuerzas mayores como la muerte, el abandono del marido o, como en este caso, la crueldad del mismo, que podían poner fin al matrimonio. Ella no tenía alternativa porque antes que esposa era persona. Su culpabilidad no tenía razón de ser ya que lo había intentado todo antes de la separación. No obstante, le costó mucho tiempo comprender que las críticas que se hacía eran irracionales, como también lo son muchas de las creencias que nos han inculcado del tipo «Los hombres no lloran»,«Las muñecas son para niñas»,«La casa es cosa de mujeres», etc.

Las creencias que seguimos con más fidelidad y convicción son aquellas que son realistas y flexibles, y que después de habérnoslas cuestionado, hemos acabado aceptando. Estas creencias, precisamente, no nos suponen ningún trastorno porque nos sentimos identificados con ellas y, en cierta medida, las hemos escogido y hecho nuestras. Las creencias y los valores externos que transgredimos, ya sea por necesidad (como la señora que se separó) o porque no los tenemos tan interiorizados como los que ya son propios, son los que desatan la crítica de una forma desaforada.

Un ejemplo de este tipo de creencias lo encontramos en aquellas que tienen mucho que ver con la manera como nos relacionamos con los demás. Por ejemplo, ¿no te has encontrado alguna vez que, en un restaurante, te han servido algo que tú no habías pedido o que no era de tu gusto? Bueno, pues si te has callado, piensa por qué lo has hecho. Por no molestar, por no hacer el ridículo, para que no pensaran que eras un pesado/a, etc. Reflexiona qué era lo que pensabas en aquel momento que te hacía callar. Bien, la autocrítica te impedía realizar una reclamación que era justa pero que hubiera puesto en peligro tu autoestima. El camarero se hubiera enfadado y tú te habrías sentido culpable (la culpabilidad nos hace sentirnos desmerecedores); tal vez te hubiera gritado y eso te hubiera hecho sentir poca cosa; o tal vez se hubiera reído, lo cual te hubiera hecho sentirte inferior... La autocrítica te impide pasar por ese mal trago, a la vez que entra en conflicto contigo porque, como persona, también tienes interiorizados unos derechos. ¡Estabas en tu derecho de reclamar!

La autocrítica anula tus derechos como persona para hacer prevalecer unas creencias (injustas, inflexibles y poco racionales) que no acabas de asimilar. Y es bueno que no las asimiles. Hay normas y «deberías» que, aunque contraproducentes, son seguidos por muchas personas, a las cuales también se los han inculcado. Con el tiempo, llegan a formar parte de nuestras creencias más tiranas, y ello porque la crítica no nos permite decidir si, realmente, nos convienen o no.

HAY «DEBERÍAS» QUE NO NOS CONVIENEN EN ABSOLUTO PERO QUE FORMAN PARTE DE NUESTRAS CREENCIAS

Observa el siguiente listado de «deberías» y piensa cuántas veces te has dicho algún «Debería». Reflexiona sobre la irracionalidad, imposibilidad y nocividad de la mayoría de ellos:

- Debería ser siempre bueno/a
- Debería ser siempre listo/a y sacar buenas notas
- Mis comentarios siempre deberían ser inteligentes
- Debería ser siempre simpático/a y educado/a con todo el mundo
- Debería ser siempre una perfecta esposa y una perfecta madre
- Debería ser siempre un perfecto esposo y un perfecto padre
- Debería hacer más ejercicio y estar más en forma
- No debería contestar mal a mi madre
- Debería estar siempre de buen humor
- Debería aprovechar mejor el tiempo y no hacer el vago los fines de semana
- Debería tener más confianza en mí mismo
- En el trabajo, debería no cometer ningún error
- Debería ganar más dinero
- Debería mirar más por los demás
- Etc.

¿Cuántas veces nos hemos dicho alguna de estas frases (o parecidas) y nos hemos recriminado por algo que es imposible y poco realista? ¿Cuántas? Demasiadas. ¿Por qué? Entre otras cosas porque creemos que son verdad. Y NO LO SON.

Los valores y las reglas con los que hemos sido educados, a menudo, se vuelven contra nosotros cuando hacen que nos sintamos inferiores y que nos juzguemos con excesiva dureza. Los «debería» constituyen, por tanto, la mejor manera de hacernos sentir inmerecedores e incompetentes.

Las creencias se forman a partir de necesidades y poco o nada tienen que ver con la realidad. Han sido generadas por las expectativas de personas de nuestro entorno (familiar, social o cultural) o por la propia necesidad de sentirnos protegidos, queridos o competentes. A pesar de ello ejercen una gran influencia en nosotros, hasta el punto de creer que son verdad. Los «debería» no nos motivan en absoluto, sino todo lo contrario. Primero, porque muchas veces se refieren a un tiempo pasado, cuando ya es tarde para llevar a cabo todo aquello que «debería» haberse hecho. Segundo, porque se corresponden con creencias que, a menudo, olvidan nuestra condición de seres humanos con limitaciones.

Imagina que Juan decide invitar a sus amigos a una fiesta en su casa de campo. Desgraciadamente, el camino es muy escarpado y uno de los coches sufre un accidente. Juan no sólo se siente fatal porque un amigo suyo se ha accidentado sino que, además, se siente culpable. Él no tiene la culpa, pero no puede dejar de repetirse las siguientes palabras: «Debería haber escogido otro lugar para hacer la fiesta». Estos pensamientos lo único que consiguen es provocarle más sufrimiento, ya que no puede cambiar el curso de las cosas. Lo que está hecho, hecho está. Los «debería» nos ofrecen alternativas difíciles de llevar a la práctica, como, por ejemplo, la marcha atrás en el tiempo o el seguir creencias absurdas. Cuando alguien dice: «Debería ser el mejor profesional», lo único que hace es generar en sí una ansiedad innecesaria y mermar su sentido de la competencia.

Los «debería» que hacen referencia a creencias del tipo «Debería ser bueno/a y amable con todo el mundo», «Debería ser el/la más rápido/a de la clase», «Debería sacar mejores notas», «Debería ser más osado/a y valiente», etc. lo único que hacen es recordarnos insistentemente aquello que «deberíamos ser» despreciando aquello que somos. Los «debería» y las creencias que los sostienen nos obligan a perseguir un ideal que no es el nuestro, sino el que nos han inculcado. Y, además, nos crean malestar porque hace que nos comparemos con ese ideal, al cual difícilmente lograremos llegar.

Los «debería» son otra manera de criticar lo que hacemos o lo que tenemos, recordándonos que existe una posibilidad mucho mejor de la que hemos escogido. Pero no son nada aleccionadores ni críticamente constructivos porque no son realistas; nos desmerecen y no tienen en cuenta que, como seres humanos que somos, podemos equivocarnos. Los «debería», por tanto, sólo consiguen que nos sintamos culpables, inútiles y frustrados.

LOS «DEBERÍA» SÓLO CONSIGUEN QUE NOS SINTAMOS CULPABLES, INÚTILES Y FRUSTRADOS

Los «debería», al igual que la crítica negativa, pretenden que sigamos creencias irreales y logran mantener nuestra autoestima en unos niveles mínimos. Por eso son tan corrosivos. Nunca les parece convincente nuestra manera de actuar y, al final, consiguen que no actuemos. Si no lo hacemos, no nos equivocaremos y nuestra mermada competencia no correrá peligro, pero tampoco los cuestionaremos. Por lo tanto, lo mejor es actuar y aprender a tolerar el fracaso como parte misma de nuestra esencia, sin olvidar que todo aprendizaje requiere de un grado mínimo de error y que es saludable que así sea.

Los «debería» externos

Al igual que sucede con la crítica patológica, los «debería» muchas veces son producto de los «debería» externos que hemos tenido que sufrir desde la infancia. En la edad adulta seguimos recibiendo su influencia, ya sea porque personas de nuestro entorno nos los continúan transmitiendo, o bien porque nosotros mismos hemos interiorizado otros nuevos. Frente a este tipo de agresiones a nuestro sentimiento de valía personal, la respuesta sigue siendo la misma: «¿Por qué?».

Retomemos el caso de Juan. Dudo mucho que ningún «amigo» le dijera que «Debería haber realizado la fiesta en otro lugar», pero supongamos por un momento que así fuera. Entonces Juan podría hacer dos cosas: por un lado, reconocer que «debería» haber escogido otro lugar, con lo que su pesar aumentaría por un inmerecido sentimiento de culpa. Juan sólo era responsable de la elección del lugar, pero no iba al volante de todos los coches que fueron a su fiesta. Si se deja llevar por ese «debería» se estará haciendo responsable de algo sobre lo cual no tiene ninguna responsabilidad. Por otro lado, si Juan contestase a ese «amigo» con un «¿Por qué?», probablemente él le respondería «que de haber hecho la fiesta en otro lugar, tal vez aquel chico no se hubiera estrellado con el coche». Juan sabe que esto es una solemne tontería y, por eso, se muestra firme al argumentar que «La culpa del accidente no fue suya sino de las malas condiciones del camino o, simplemente, de la mala suerte. Él mismo había hecho ese recorrido muchas veces y nunca le había ocurrido nada. Era algo que no se podía prever. Desgraciadamente, ha pasado y buscar culpables, ahora, es absurdo».

¿CÓMO NOS CRITICAMOS?

Uno de los rasgos que caracterizan a las personas que padecen una baja autoestima es su marcada tendencia a la autocrítica. Estas personas acostumbran hacer comentarios bastante críticos sobre ellas mismas, cosa que difícilmente haría una persona con una elevada autoestima. La mayor parte de las veces se trata de pensamientos perturbadores del tipo «Soy un/a inútil» (etiquetación) o «Nadie me quiere porque soy feo/a» (hipergeneralización más etiquetación). Son comentarios parecidos a los que vimos en el apartado dedicado a las creencias y que, generalmente, contribuyen a provocar un profundo sentimiento de inferioridad y de incapacidad.

¿A qué denominamos crítica?

La autocrítica se puede manifestar con imágenes o con una voz interior. Generalmente, refleja ideas o creencias muy tiránicas que, casi nunca, nos cuestionamos. Se trata de pensamientos muy rápidos y automáticos que, a menudo, incluyen etiquetas y comparaciones. Lo más triste de todo es que nos los creemos, y es aquí donde radica su fuerza o nuestra debilidad.

Los «debería» también son una forma de criticarnos a nosotros mismos y la mayoría de veces nos dejan con una sensación de impotencia, inutilidad y culpabilidad. Pero además de los «debería» y de los pensamientos perturbadores existen infinidad de situaciones que son aprovechadas por nuestra voz interior para fustigarnos: cuando las cosas no salen como las hemos previsto, cuando nos sentimos mal, cuando cometemos un error, cuando nos comparamos con los demás, cuando no seguimos el camino que determinadas personas de nuestro entorno (progenitores, profesores, amigos...) nos habían marcado, cuando rompemos alguna de las normas en las que hemos sido educados, etc. Siempre parece haber algún motivo para que la crítica nos ataque y nos juzgue.

Esta voz interior negativa que aparece tan a menudo criticándonos e insultándonos tiene un increíble poder sobre nosotros. ¿Por qué? Porque nos la creemos. Cuando nos repetimos constantemente cosas como «Soy un idiota», al final nos lo creemos y no dudamos de comentarios tan corrosivos y paralizantes como estos, porque consideramos que autojuzgarse es la cosa más normal del mundo. Por la fuerte tendencia a la costumbre, tendremos cierta dificultad en deshabituarnos de la autocrítica pero, por el mismo motivo, una vez que lo hayamos logrado será difícil que volvamos a reincidir.

SIEMPRE PARECE HABER ALGÚN MOTIVO PARA QUE LA CRÍTICA NOS ATAQUE Y NOS JUZGUE

A pesar de que una de las consecuencias de la crítica es la anulación de nuestro sentimiento de valía, en realidad su finalidad no es esta sino la de defender y proteger nuestra autoestima. Probablemente te estarás preguntando «¿de qué?». Y seguramente pensarás «Pero si la crítica es la que hace que me subestime y es la responsable de mi baja autoestima». Intentaré responderte de un modo sencillo porque aunque todo esto parezca muy complejo, en realidad, no lo es. Has de saber, primero, que la baja autoestima no está provocada por la crítica, lo único que esta hace es mantenerla en un nivel bajo con el objetivo de arriesgar la poca autoestima que se tiene. A lo largo de mis años como profesional, he podido comprobar que cuanto menor es la autoestima, mayor es la autocrítica que uno ejerce sobre sí mismo. ¿Recuerdas que la autoestima tendía a la estabilidad? Pues es cierto, pero sólo por puro conservadurismo e instinto de protección. Tu baja autoestima está provocada por diversos factores que provienen de ti mismo o de tu entorno. He aquí una muestra de ellos: malas elecciones, pérdidas decisivas, temor o huida ante los retos importantes, compañías degradantes, logros poco significativos, carencias afectivas, falta de aceptación por parte de los demás, etc. Toda una vida con este tipo de experiencias ha confeccionado un patrón de conducta que condiciona la autoestima con un bajo sentido de la competencia y del merecimiento. La crítica, a través de diferentes mecanismos, se encarga de que no pierdas la poca autoestima que posees. Te pondré algunos ejemplos para que lo veas todo mucho más claro.

CUANTO MENOR ES LA AUTOESTIMA, MAYOR ES LA AUTOCRÍTICA QUE UNO EJERCE SOBRE SÍ MISMO

Una vez, un paciente me comentó que hacer lo que él quería le suponía mucho esfuerzo. Me contó que en una ocasión, fue a una conferencia con un amigo y la sala estaba repleta de gente, aunque había algunos asientos libres. Su amigo le propuso ir a buscar asiento, pero él no se decidía porque eso representaba molestar al resto de los asistentes. Tras cinco intentos fallidos, el amigo, finalmente, encontró una silla libre. Mi paciente sólo se fijó en las veces que su amigo tuvo que escuchar un no por respuesta. Y, por supuesto, se quedó de pie durante las tres horas que duró la conferencia. Mientras que su amigo no se desanimaba, él sólo podía oír interiormente las siguientes palabras: «No vale la pena que por un asiento andes molestando a toda esta gente. ¿Qué van a pensar de ti? Dirán que eres un maleducado y un pesado». Sus pensamientos le impedían llevar a cabo algo que él mismo menospreciaba. Mi paciente desmerecía el hecho de sentarse y enfatizaba el hecho de resultar molesto para los demás. Él mismo se desanimaba reduciendo el premio (el asiento) y aumentando el sacrificio (molestar a los demás, hacer el ridículo, ser amonestado, etc.). ¿Cuántas veces no hemos hecho lo mismo? Si algo supone cierto grado de dificultad (con el consiguiente riesgo de fracaso) optamos por desmerecerlo o desmerecernos a nosotros mismos a través de la crítica.

Básicamente la crítica nos desanima para que no realicemos algo que pueda implicar fracaso y que, por tanto, pueda reducir nuestro sentido del merecimiento o de la competencia. Sigamos con el ejemplo de mi paciente en la conferencia. Él no arriesgó nada, simplemente se sintió como un tonto porque su amigo le tomó la delantera. Su autocrítica, muy leve en este caso, le impidió actuar y buscar asiento. Eso no disminuyó su autoestima sino que la mantuvo en unos niveles que dificultaban su crecimiento como persona.

Ante situaciones de riesgo de las que podamos salir malparados, nuestra crítica aumentará el volumen de su voz, asustándonos para que no realicemos aquello que puede causarnos un mal mayor y perdamos la poca autoestima que poseemos. Y para asegurarse de que realmente le hacemos caso, nos desmoraliza de tal forma que nos sentimos incapaces de hacer nada. La crítica nos amenaza con todo tipo de insultos, con malos recuerdos, con pensamientos perturbadores, etc. «No vale la pena que por un asiento andes molestando a toda esta gente. ¿Qué van a pensar de ti? Dirán que eres un maleducado y un pesado.» Pensamientos como estos, basados en la crítica y en el insulto, fueron los que bloquearon y paralizaron a mi paciente.

PARA QUE NO NOS ENFRENTEMOS A SITUACIONES DE RIESGO, NUESTRA CRÍTICA AUMENTARÁ EL VOLUMEN DE SU VOZ

¿Qué es lo que perdemos?

En el ejemplo anterior sólo se trataba de conseguir un asiento. Pero la vida está llena de situaciones en las que dejamos perder un asiento con tal de no ver cumplidas las amenazas de la crítica que nos creemos. Podríamos decir que la crítica nos sitúa en una zona segura, pero ¿a cambio de qué? De la imposibilidad de conseguir aumentar nuestra autoestima. No perdemos, pero tampoco ganamos. Si mi paciente hubiese intentado conseguir un asiento y lo hubiera logrado, su sentido del merecimiento se hubiera visto un poco más reforzado y su competencia también, puesto que habría alcanzado aquello que se había propuesto. Pero también existía la posibilidad de que no lo consiguiera. Y eso fue lo que, de una manera casi inconsciente, le asustó y le impidió actuar con determinación.

Perdemos oportunidades de lograr cosas, de ser aceptados (por ejemplo, cuando en una fiesta no nos acercamos a un/a chico/a por temor a ser rechazados/as) porque tememos perder la poca autoestima que tenemos. Por eso evitamos todas aquellas situaciones que puedan descompensarnos y hacer que nuestro nivel de autoestima fluctúe.

La crítica es un mal juez

La crítica patológica, esa voz interior negativa de la que venimos hablando, es propia de las personas con baja autoestima. La crítica actúa de freno y, en muchos casos, de juez; un juez duro y severo que nos castiga y nos condena a sentirnos unos miserables. Es posible que cometiéramos algún error o que no contentáramos a nuestro padre estudiando una carrera distinta de la que él quería. Este tipo de cosas, que por un lado son humanas, son las que utiliza la crítica para hacernos sentir culpables. Intenta impedir que nos salgamos de un camino recto y trazado. Pero a veces este camino —basado en creencias poco realistas— no nos conviene o resulta ser demasiado perfecto e idealista.

Es curioso cómo en la persona que posee una baja autoestima la autocrítica se hace especialmente fuerte y virulenta. Precisamente estas personas que tienen un bajo concepto de sí mismas y no se creen autosuficientes son las víctimas propiciatorias para la crítica. Esta se convierte en una especie de madrastra perversa que guía sus pasos dentro de casa, donde han aprendido respuestas como la huida, la inacción y el estancamiento, las cuales hacen que se sientan seguras y a salvo. Sin embargo, dichas respuestas resultan inútiles fuera, donde los retos son constantes y donde la crítica, cada vez más fuerte, intentará no perder su control sobre ellas.

LAS PERSONAS QUE TIENEN UN BAJO CONCEPTO DE SÍ MISMAS Y NO SE CREEN AUTOSUFICIENTES SON LAS VÍCTIMAS PROPICIATORIAS PARA LA CRÍTICA

La crítica externa

La crítica externa (progenitores, hermanos, profesores, etc.), en las primeras etapas de la vida puede dar como resultado que la persona crezca pensando que es todas aquellas cosas que los demás han dicho que era. Una educación muy severa, el poco afecto o el no cumplir las expectativas (por ejemplo, ser un gran atleta o un estudiante brillante) también erosionan la formación de una autoestima positiva. Tanto en un caso como en otro, la persona, en la etapa adulta, se repetirá a sí misma todos esos comentarios negativos y de rechazo. Pocas veces los pondrá en tela de juicio y pocas veces tendrá la oportunidad de comprobar lo falsos, crueles y castradores que son.

Al margen de cuáles sean sus propósitos (el mantenimiento de una autoestima ya de por sí escasa o la repetición de esquemas anteriores), la crítica patológica nos hace daño y nos impide crecer como personas. Nunca podremos tener una autoestima sana y positiva si evitamos todo aquello que la puede reforzar. En el siguiente apartado veremos qué podemos hacer para ignorar esa voz interior crítica y negativa, y dejar algún día de generarla.

CARACTERÍSTICAS BÁSICAS DEL PATRÓN CONDUCTUAL DE UNA PERSONA CON BAJA AUTOESTIMA

A estas alturas del libro ya puedes ver cómo tu manera de actuar influye poderosamente en tu autoestima. A continuación examinaremos cuáles son los tipos de conducta más frecuentes relacionados con la baja autoestima, que resultan maneras poco eficaces de afrontar los retos de la vida. Estas conductas reprimen muchas veces acciones más realistas y saludables que podrían reportar éxitos y, por consiguiente, un sentimiento de competencia y/o de merecimiento. Ya sabes que siguen un patrón definido por la experiencia y que, probablemente, en el momento en que se toman ese tipo de decisiones, no se tienen en cuenta otras que podrían ser más adaptativas. Por eso te las mostramos, para que aprendas a reconocerlas. En el apartado práctico ofreceremos estrategias para actuar de otra manera o, simplemente, para hacerte saber que existen otras posibilidades mucho más positivas y eficaces. Ya te anticipo que cualquier oportunidad es buena para ponerlas en práctica.

¿Qué nos produce baja autoestima en el ámbito de la competencia?

En el ámbito de la competencia existen conductas dirigidas a mantener la autoestima bajo mínimos y a evitar el desarrollo de la misma, con el consiguiente impedimento para nuestro crecimiento y nuestra maduración personal. Son conductas guiadas por un patrón plagado de fracasos (o no tantos) que se quieren evitar y, a su vez, se autorrefuerzan como los únicos resultados posibles.

Postergar las cosas y no querer hacer nada

Muchas veces, debido a pensamientos perjudiciales, tenemos conductas contraproducentes. Una persona puede caer en un estado de pesimismo y su baja productividad hacerla creer que es una perdedora y una inútil. Lo curioso es que la persona está convencida de que todo cambiará cuando ella cambie, es decir, un día dejará de pensar así y todo cambiará. Pero ese día no llega y la persona sigue sumida en ese estado de inacción que no la beneficia en absoluto, al contrario, hace que se sienta desdichada y culpable por su pereza e indolencia.

En la postergación de las cosas influyen muchos factores. Uno de los más importantes es pensar de manera automática, dejándose guiar más por la emoción del momento que por la razón y la realidad. Veamos qué siente una persona que tiende a postergar las cosas. Sólo haremos un breve listado, con un pequeño comentario al lado de cada pensamiento o sentimiento asociado a este tipo de conducta, porque muchos de ellos ya los hemos comentado ampliamente:

- DESESPERANZA: La persona olvida que en el pasado se sintió mejor y que fue feliz. Cree que el futuro será igual al presente, no confía en que pueda ser mejor (como su pasado, por ejemplo). Cree que su situación es inamovible. Le cuesta animarse porque piensa que todo va a continuar igual.
- IMPOTENCIA: El malestar de la persona se produce en relación con sus ciclos hormonales o con pérdidas u otros factores externos a ella; por tanto, la única solución es esperar y aguantar la tormenta.
- SENSACIÓN DE AGOBIO: Ante la cantidad de cosas que tiene que hacer, la persona se siente desbordada. Cree que ha de realizarlo todo de golpe y se siente in-

capaz. No piensa que todo lleva su tiempo y que una cosa va detrás de otra.

- CONCLUSIONES APRESURADAS: La persona tiene el hábito de decir «No puedo» o «Lo haría, pero...». No piensa en la satisfacción, piensa en el resultado y no confía demasiado en que el resultado sea tan perfecto como espera.
- AUTOETIQUETAJE: Este tipo de conducta hace que la persona se sienta culpable y se mortifique con etiquetas del tipo «haragán, vago, inútil...» que, con el tiempo, acaba creyéndose.
- INFRAVALORAR LAS RECOMPENSAS: El esfuerzo le parece demasiado grande en relación con el resultado obtenido. La tendencia a descalificar lo positivo incrementa su insatisfacción ante la recompensa obtenida tras la realización de un trabajo.
- PERFECCIONISMO: La persona se derrota a sí misma con objetivos y modelos equivocados. Nunca queda contenta con los resultados que obtiene, considera que pueden ser mejor. Esto hace que se mantenga inactiva puesto que nada la satisface realmente.
- TEMOR AL FRACASO: ¿Para qué va a intentar algo si no le va a salir bien? No vale la pena perder el tiempo, ni intentarlo siquiera.
- TEMOR AL ÉXITO: El éxito plantea mayores exigencias y la persona puede acabar decepcionando a los demás, ya que ella no es una persona de éxito.
- TEMOR A LA DESAPROBACIÓN: Una persona que no hace nada, no puede decepcionar a nadie. Si no comete fallos (puesto que no corre riesgos), nadie le reprochará nada.
- COERCIÓN Y RESENTIMIENTO: La persona se siente presionada, agobiada y muy culpable. Cualquier tarea adquiere para ella un matiz desagradable y, por

eso, opta por postergarla aunque no deja de recriminarse por ello. Todo esto le consume mucha energía.

- BAJA TOLERANCIA A LA FRUSTRACIÓN: La persona está convencida de que debe resolver sus problemas de la manera más rápida y eficaz posible. Si no lo consigue, se frustra y abandona.
- CULPA Y AUTOACUSACIÓN: La persona está convencida de que es realmente mala e inútil. Esto la desmotiva para realizar cualquier tarea y los pensamientos negativos acaban siendo cada vez más virulentos.

Todos los pensamientos negativos que paralizan a la persona son mecanismos de la crítica patológica. Algunos como los pensamientos perturbadores, los valores absolutos o los «debería» ya los hemos comentado en apartados anteriores. Pero ¿qué pasa con los sentimientos negativos? Estos son producto de los pensamientos negativos. Los temores, la sensación de agobio o de culpa, etc. derivan de esta conducta y estos pensamientos contraproducentes. Cuando estos desaparecen, también lo hacen los sentimientos que tienen asociados. Ya vimos el razonamiento emocional: «Siento culpa. Por tanto, soy culpable».

LOS SENTIMIENTOS NEGATIVOS SON PRODUCTO DE LOS PENSAMIENTOS NEGATIVOS

Este tipo de conducta se debe más a un patrón cognitivo (de pensamiento) que a un historial de baja competencia pero, a la larga, también lo acaba afectando, ya que elimina la fuente de autoestima que se deriva de nuestras acciones y de los resultados que obtenemos.

A continuación veremos, por una parte, cómo la baja autoestima —centrada propiamente en el sentido de la competencia— acostumbra tener detrás un historial de actuaciones con resultados poco efectivos; y, por otra, cómo este tipo de actuaciones lo que pretenden es evitar, en lo posible, los problemas y los nuevos retos.

Evitación de los problemas o situaciones de riesgo

Los pensamientos y sentimientos contenidos en la lista anterior se podrían incluir también dentro de este apartado, ya que desencadenan toda una serie de conductas que tienden a evitar los problemas. Dichas conductas, a su vez, se producen como consecuencia del sentimiento de competencia (o incompetencia) del individuo, y pueden ejercer cierta influencia en comportamientos posteriores. Supongamos, por ejemplo, que frente al problema de enfrentarnos a una persona que se burla de nosotros o que, simplemente, nos hace daño con su conducta, decidimos evitarla, hasta el punto de convertir esa evitación en hábito. Probablemente, no aprendimos a enfrentarnos a ese tipo de personas o, si alguna vez lo hicimos, fue peor el remedio que la enfermedad. Así que optamos por la vía más rápida y fácil que existe: la huida. Hasta ahora sólo hemos tenido en cuenta el patrón de conducta pero, tarde o temprano, también tendremos que valorar el tipo de pensamientos que generaron esa conducta y los sentimientos a ellos asociados (la desesperanza de no poder cambiar la situación, la impotencia de no poder hacer nada, el autoetiquetaje del tipo «soy un cobarde...», etc.).

Evitar los problemas, como ya hemos dicho, es la vía más rápida y, aparentemente, cómoda de quitarse los problemas y las preocupaciones de encima. Pero también dijimos que, a la larga, esta opción resulta contraproducente porque los problemas no se resuelven y la persona no acaba de aprender las habilidades necesarias para hacer frente a futuros problemas.

La evitación de los problemas es una vía mucho más primitiva que el afrontamiento. Esta última requiere un esfuerzo y, a veces, ciertas dosis de valentía. Pongamos por ejemplo que sospechas que tu hijo/a está tomando algún tipo de droga. Hacer ver que no pasa nada no arregla la situación sino que, incluso, la puede empeorar. Es posible que sólo sea una sospecha, pero crees que es mejor no decir nada porque así tu hijo/a no se pondrá en tu contra. De esta manera vuestra relación no se deteriorará y evitaréis posibles conflictos familiares. Pero si tu sospecha resulta ser cierta, tu actitud pasiva y de evitación puede tener consecuencias funestas para tu hijo/a, porque al no haber recibido ningún tipo de refuerzo, ni positivo (una ayuda) ni negativo (una reprimenda), se sentirá completamente desorientado/a.

EVITAR LOS PROBLEMAS ES LA VÍA MÁS RÁPIDA PARA QUITARSE LOS PROBLEMAS DE ENCIMA, PERO ASÍ NO LOGRAREMOS RESOLVERLOS NI APRENDEREMOS CÓMO HACERLO

Evitar los problemas no los soluciona, en todo caso, los posterga. Los miedos no se van, crecen. Podemos pasarnos la vida huyendo de ellos pero, tarde o temprano, vuelven a aparecer. La autocrítica te recuerda, de forma dolorosa, tu cobardía, a la vez que refuerza la idea de que es mejor ignorar todo aquello que te supone conflicto. La crítica te recuerda la poca habilidad que tienes y te dice cosas como «Nunca has sabido salir de una situación así. No estás preparado/a para hacer frente a algo como esto. Es mejor que lo olvides, ya se arreglará, es cuestión de tiempo, etc.».

LA EVITACIÓN DE LOS PROBLEMAS ES UNA VÍA MUCHO MÁS PRIMITIVA QUE EL AFRONTAMIENTO

Los problemas que evitamos no siempre son del tipo de los que acabamos de mencionar (el temor a enfrentarnos a una persona o el que un/a hijo/a consuma drogas, poniendo su vida en peligro), a veces, son mucho más simples como quejarse ante una factura injusta o atreverse a pedir un asiento libre o a expresar nuestra opinión. Como podemos ver, a menudo, reclamar nuestros derechos puede plantearnos un serio problema. Tememos ofender a los demás y por eso, no osamos hacer nada que les pueda molestar. Esta actitud nos perjudica porque refuerza negativamente nuestra autoestima, y lo hace principalmente por dos motivos: primero, porque al evitar los problemas, estos, finalmente, acaban superándonos y, segundo, porque nos impide disfrutar de una fuente de autoestima altamente positiva, como es la posibilidad de resolver los problemas por nosotros mismos.

Ya sea porque en nuestro patrón de conducta siempre hemos optado por esta vía (la evitación) o porque cuando hemos intentado hacer frente a algún problema el resultado fue nefasto, la cuestión es que esta pérdida de dominio ante los retos de la vida supone una pérdida muy significativa de autoestima. Y esta nunca podrá incrementarse si no conseguimos resolver parte de los problemas que se nos plantean en nuestra vida diaria, ya que, por un lado, habitualmente encontraremos en ella más retos y problemas que satisfacciones y, por otro, al ser la competencia uno de los componentes básicos de la autoestima, su carencia dificultará que podamos alcanzar los objetivos que nos hayamos propuesto.

Superar los retos es una fuente de autoestima, facilita el desarrollo óptimo de nuestros potenciales y nos proporciona las bases para lograr una vida plena y satisfactoria. A la larga, incorporaremos a nuestro repertorio de conductas las habilidades necesarias para solventar cualquier situación conflictiva que se nos presente. De esta manera, lo que antes suponía un gran problema, acabará por no serlo. Pero si evitamos enfrentarnos a los retos por la ansiedad o por el miedo que ello nos produce, por un historial marcado por los fracasos más que por los éxitos o por unas creencias que nos conducen a la pérdida de control y de autonomía, estaremos dificultando nuestro crecimiento como personas.

SUPERAR LOS RETOS ES UNA GRAN FUENTE DE AUTOESTIMA

No querer afrontar nuevas situaciones

Si evitamos los problemas, estaremos evitando también las situaciones nuevas. Y ello principalmente por tres motivos:

1. La persona no tiene suficiente confianza en sí misma como para pensar que puede superar con éxito la nueva situación, y ello porque su patrón de autoestima no contempla esta posibilidad.
2. Como consecuencia de esto, la persona desconoce las habilidades necesarias para afrontar la nueva situación con éxito y prefiere evitar cualquier posibilidad de fracaso.
3. La persona opta por seguir la tendencia más marcada en su patrón de conducta, es decir, la evitación de los problemas.

Además, una nueva situación supone, para la persona con un bajo sentido de la competencia, un esfuerzo suplementario porque ha de aprender nuevas habilidades. Por otra parte, no siempre se dan las condiciones necesarias para que este esfuerzo se pueda llevar a cabo y/o no siempre la persona está dispuesta a hacerlo. Ya hemos comentado que este tipo de personas tiende a infravalorar las recompensas, lo cual hace que cualquier esfuerzo les parezca excesivo para el resultado que obtienen.

UNA NUEVA SITUACIÓN SUPONE MÁS ESFUERZO PARA UNA PERSONA CON POCO SENTIDO DE LA COMPETENCIA QUE PARA UNA QUE SE CONSIDERE COMPETENTE

En el caso de que la persona se vea obligada por las circunstancias a afrontar una situación nueva, es probable que dé muestras de una gran incomodidad o de estrés. Desistirá a la menor oportunidad que se le presente. Y muchas veces inventará excusas con tal de no hacer frente a una nueva situación o a una nueva responsabilidad.

Si la persona huye y no supera la prueba, es posible que en el futuro vuelva a actuar de la misma manera. En el caso de que la supere, puede dudar entre evitar la nueva situación o afrontarla. Hay que tener en cuenta que, en el patrón de la autoestima, tienen mucho más peso las experiencias negativas que las positivas. Esto es así porque las experiencias negativas marcan mucho más a la persona, sobre todo si esta tiene un bajo nivel de autoestima. Así, se centra más en lo negativo que en lo positivo; focaliza su visión y su percepción en todo aquello que pueda conllevar algún peligro y desarrolla, con el tiempo, una sensibilidad especial para evitar las situaciones que puedan esconder este peligro para su autoestima.

Competencia con pseudoautoestima

La persona con pseudoautoestima acostumbra prestar una exagerada atención al éxito (o al fracaso) debido a su gran necesidad de logros. Las personas que padecen este tipo de autoestima tienen el sentido del merecimiento poco desarrollado y «compensan» esta limitación con un elevado sentido de la competencia. El éxito profesional, el poder, la autoridad y la necesidad de ser los mejores en todo, son algunos de los aspectos que caracterizan a esta clase de personas.

La persona con pseudoautoestima tiene una necesidad insana de conseguir el éxito. Su baja tolerancia al fracaso la lleva a buscarlo mediante la lucha (a veces poco ética y carente de escrúpulos) o a través de un trabajo exageradamente perfeccionista.

Este tipo de personas tienden a ser muy perfeccionistas en todo lo que hacen y su nivel de autocrítica es muy elevado, llegando incluso a la crítica patológica en muchas ocasiones.

¿Qué nos produce baja autoestima en el ámbito del merecimiento?

El merecimiento es un componente básico y una fuente indispensable de autoestima. Al igual que la competencia, su falta y/o deficiencia puede comportar serios problemas para la persona. Entre la competencia y el merecimiento existe, sin embargo, una diferencia importante: el merecimiento implica mucho más a los demás. Es decir, el sentimiento de valía o de merecimiento del individuo viene determinado, en gran parte, por las personas que conforman su entorno; ellas, con su actitud, contribuyen a reforzar (o no) la autoestima de la persona desde su infancia, mucho antes de que pueda demostrarse a sí misma de lo que es capaz.

A continuación analizaremos de qué manera puede afectar a una persona el tener un bajo sentido del merecimiento. Y lo haremos teniendo en cuenta diferentes situaciones en las que el individuo no se siente legitimado como persona y, por tanto, tiene un bajo concepto de sí mismo. Ello se traduce en comportamientos y actitudes muy contraproducentes para él y para sus relaciones interpersonales.

Temor a la crítica

Vimos que la crítica tanto podía venir de uno mismo (autocrítica) como de los demás (crítica externa). La autocrítica es un mecanismo de juicio y evaluación personal que existe, prácticamente, en todos los individuos. Pero las personas con muy baja autoestima son esclavas de los juicios desmesurados de una crítica patológica que las convierte en seres profundamente infelices. La persona vive bajo la presión constante de estos juicios, lo cual le impide adoptar una actitud sana y espontánea ante la vida.

Viejos y nuevos errores se transforman en culpas. El haber infringido una (o varias) de las normas, creencias o valores en los que ha sido educada la persona, hace que esta tenga un bajo concepto de sí misma y que, incluso, pueda llegar a despreciarse y autocastigarse. Una de mis pacientes se sentía culpable por haber cometido una pequeña falta en su juventud y, a pesar de que habían pasado más de diez años, continuaba considerándose una delincuente. Por otro lado, su bajo sentido del merecimiento podía ser debido al hecho de tener una pobre imagen de sí misma, como consecuencia de no haberse sentido suficientemente querida o valorada dentro de su entorno (tanto familiar como social).

Esto hacía que, en la edad adulta, la persona siguiera reproduciendo este escaso *feedback* positivo consigo misma. De igual modo, unos padres pueden inculcar a su hijo sentimientos de poco merecimiento con reglas o castigos arbitrarios. Afirmaciones del tipo «Eres un pesado, vete a jugar fuera y no molestes» pueden hacer creer al niño que no es querido o que es poco importante. También el hecho de regañar al niño con expresiones del tipo «Eres malo, ¡no pegues a tu hermana o ya no te quiero!» hacen sentir al niño que es «malo» y que por culpa de ser así dejará de ser querido por sus padres. Muchas afirmaciones de este tipo y castigos arbitrarios pueden ser en un futuro los desencadenantes de un bajo sentido del merecimiento.

Si a un niño se le regaña con etiquetas por sus malas acciones, acabará integrándolas en su patrón. El niño (y muchas veces el adulto) no sabe distinguir entre su mala acción y él mismo. Identifica su acción con cualidades o rasgos propios, y relaciona lo que hace con lo que es. No diferencia entre las acciones (que son temporales) y su persona. Por eso es tan importante, desde pequeños, aprender a distinguir entre la acción y el individuo que la realiza. Entre hacer y ser.

La crítica externa

Todo acto que suponga cierta dosis de crítica por parte de los demás puede ser tomado como un cuestionamiento de la propia persona. Las personas con baja autoestima y poco sentido del merecimiento reciben muy mal los comentarios críticos hacia ellas o hacia las acciones que realizan. Detrás de un comentario puede haber ocultas ciertas dosis de mala intención o ganas de fastidiar por parte de quien lo expresa. Pero no siempre es así. En ocasiones, la crítica puede tener una intención positiva e, incluso, resultar beneficiosa para el sujeto que la recibe (crítica constructiva) y, sin embargo, ser recibida por él como un ataque.

Las personas con baja autoestima no aceptan de buen grado la crítica, pero tampoco la cuestionan. Llegan a interiorizarla, pero sólo en su aspecto más negativo. Por ejemplo, un empleado recibió de su jefe varios halagos por el trabajo desempeñado y sin embargo sólo tuvo en cuenta el hecho de que le recomendara que recibiera clases de inglés. Para este empleado el resto de la conversación no sirvió de nada, ya que focalizó toda la entrevista en este comentario; se lo tomó como algo personal y se sintió ofendido. Y, como era de esperar, no hizo caso de su recomendación porque creía que no serviría de nada puesto que su jefe le detestaba.

Temor al rechazo

La persona con bajo sentido del merecimiento teme no gustar a los demás. Ha desarrollado una especial sensibilidad ante cualquier signo de rechazo. Un exagerado sentido del ridículo, un exceso patológico de pudor y una gran timidez —por poner algunos ejemplos— son manifestaciones típicas del comportamiento de una persona muy sensible a cualquier pequeña muestra de hostilidad externa.

Evitar todo aquello que provoque un comentario negativo de los demás condiciona a este tipo de personas. Nunca se sienten libres, pues siempre están obligadas a agradar y a comportarse de una manera correcta e intachable; incluso pueden llegar a adoptar una actitud servil que puede ser aprovechada por conciencias poco escrupulosas y dominantes. Las personas que temen el rechazo externo evitarán reclamar sus derechos y expresar sus opiniones; se reservarán sus críticas y procurarán no pedir nada a nadie para no molestar. Todo ello por temor al posible rechazo de los demás.

LA PERSONA CON BAJO SENTIDO DEL MERECIMIENTO SIEMPRE TEME NO GUSTAR A LOS DEMÁS

Buscar el cariño, la aprobación o la aceptación de los demás huyendo de su rechazo no suele conllevar los resultados deseados, porque la persona no acostumbra implicarse ni suele ser partidaria de las decisiones que toman los demás, lo que hace que pocas veces sea tomada en cuenta u obtenga el respeto de los mismos.

Temor al propio rechazo

Vivir de acorde con valores y normas que hemos aprendido desde la más tierna infancia es un camino, a veces, muy difícil de seguir. Infringir las reglas supone apartarse del camino correcto en el que hemos sido educados y eso es algo muy duro de digerir. Nuestra fuerte autocrítica se encarga de encarrilarnos por la vía adecuada. Pero, en muchas ocasiones, esta vía entra en conflicto con elecciones o formas de vida mucho más ajustadas a nuestras necesidades. Ese conflicto nos hace sentir mal porque creemos que traicionamos algo sagrado, y también nos hace sentir inferiores porque no cumplimos las expectativas que un día depositaron en nosotros.

¿Recuerdas la película *El club de los poetas muertos*? En ella se plantea una situación que me gustaría mostrar como ejemplo. Un chico de un distinguido colegio inglés decide que quiere ser actor de teatro. El problema es que su padre no quiere que sea actor, tiene otros planes mejores para él.

Ese chico tenía un verdadero problema. Nosotros podemos tener otros, pero lo que está claro es que necesitamos vivir de acuerdo con lo que queremos sin perder el cariño y el respeto de las personas que nos rodean. Y eso, a veces, es difícil.

Los adultos, en muchas ocasiones, seguimos normas y valores sin cuestionárnoslos. Creemos que son verdades absolutas. Esas normas y valores tal vez fueron necesarios en algún momento de nuestras vidas (para obtener el cariño de los padres, para ser aceptado por el grupo o respetado en el trabajo) pero ahora nos pueden estar perjudicando. Cuando esto ocurre, la mejor opción que tenemos es enfrentarnos a ellas para conseguir nuestra propia aceptación.

SEGUIMOS NORMAS Y VALORES QUE NO CUESTIONAMOS PORQUE CREEMOS QUE SON VERDADES ABSOLUTAS

Todos tenemos normas y valores que nos han sido inculcados y que han fomentado nuestra evolución como personas. En el peor de los casos, seguimos el camino «correcto» ignorando otros mucho más ajustados a nuestras necesidades y deseos, para que no nos señalen con el dedo o por temor a que los demás nos rechacen. No hemos aprendido a descubrir cuáles son las elecciones que nos pueden hacer más felices o tal vez sí, pero no queremos seguirlas. Tenemos que sentirnos bien con nosotros mismos y creer que lo que hacemos es lo correcto. Sin embargo, muchas veces, aquello que los demás establecen como correcto no es lo mejor ni lo más conveniente para nosotros. Cuando seguimos las directrices que nos marcan no nos sentimos bien con nosotros mismos porque estamos sacrificando nuestra felicidad en beneficio de otro. Un ejemplo que simplifica muy claramente lo que queremos decir es *La casa de Bernarda Alba* de Federico García Lorca. Aunque es un caso un tanto extremo, refleja muy bien hasta qué punto las normas pueden controlarnos, y no nos referimos al personaje principal, el de la hija pequeña, Adela, que se acaba suicidando, sino al coro de personajes sometidos a unas leyes tiránicas impuestas por una madre déspota y cruel.

El temor a hacer o pensar aquello que se opone a los valores estipulados entra, muchas veces, en conflicto con el temor hacia los demás. Uno puede rechazarse a sí mismo por no hacer lo que cree conveniente para él y, al mismo tiempo, temer ser rechazado por los demás si lo hace. Este es uno de los muchos retos que tenemos que afrontar a lo largo de nuestra vida, reto que nos lleva a sopesar los pros y los contras, y a elegir teniendo en cuenta, siempre, las consecuencias a corto y a largo plazo de nuestras acciones.

No defensa de los propios derechos

Por temor a la crítica o al rechazo las personas con poco sentido del merecimiento se muestran incapaces de pedir lo que quieren a los demás. Consideran que sus deseos no son importantes comparados con los deseos de los demás. Siempre están dispuestas a ayudar a los demás en todo lo que pueden para conseguir el bienestar del prójimo, dejando a un lado sus propios deseos y necesidades. Muchas veces no son conscientes del tipo de conducta servil que, a menudo, manifiestan; otras, simplemente, no se atreven a pedir nada por temor a ser rechazadas.

Todos tenemos necesidades físicas (comer, dormir, abrigarnos...), necesidades emocionales (amar y ser amados, respetar y sentirnos respetados, tener compañía...), necesidades intelectuales (saber el origen de ciertas cosas, resolver cuestiones que nos preocupan...), necesidades sociales (un empleo útil y/o bien remunerado, colaborar con los demás...) y necesidades morales o éticas (creencias y normas de conducta para dar sentido a nuestras vidas). Todos estos ejemplos de necesidades tienen que ser cubiertos de la manera más satisfactoria y rica posible.

Las personas con baja autoestima experimentan verdaderos problemas para reclamar los derechos que les corresponden. Esto genera graves trastornos y deficiencias que van minando progresivamente su, ya de por sí, escasa autoestima.

Comunicación pasiva

La relación que las personas con un bajo sentido del merecimiento mantienen con los demás puede llegar a ser tortuosa. Las personas con baja autoestima no se atreven a manifestar de forma clara sus deseos y necesidades. El razonamiento emocional, los pensamientos perturbadores como la lectura de pensamiento y el temor a la crítica o al rechazo hacen que la persona se comunique con los demás de una forma ambigua y poco asertiva.

El temor al rechazo suele ser el gran protagonista en esta clase de comunicación pasiva. Personalmente, he conocido a individuos a los que todo les parecía bien, jamás ponían problemas y resultaban encantadores hasta que se les pedía su parecer acerca, por ejemplo, de un acontecimiento político o una actuación de cualquier tipo... No sabían qué decir porque no querían ofender ni molestar a nadie. Tomar partido les resultaba violento porque tenían que decidir y manifestar sus pensamientos o creencias.

La comunicación pasiva puede llevarnos hasta límites de extrema indecisión porque no desarrollamos la capacidad de cubrir, no ya nuestras necesidades, sino nuestros deseos más triviales. En el otro extremo de la comunicación pasiva se encuentran aquellas personas que, de golpe, se muestran furiosas porque han ido elaborando mentalmente todo un diálogo que en ningún momento llegan a expresar de manera efectiva. Esperan que los demás sean capaces de leerles el pensamiento y que accedan a unos deseos que nunca han manifestado. Y si los demás no les responden de la forma esperada (que es lo que suele ocurrir porque nadie es adivino) se enfadan, incluso con violencia, o permanecen en silencio sintiéndose profundamente heridas y decepcionadas.

III

AUMENTAR LA BAJA AUTOESTIMA

¿Por qué no es fácil aumentar la autoestima? Porque en la edad adulta ya existe un historial de respuestas ante los conflictos que cuesta mucho modificar. Tenemos unos hábitos adquiridos difíciles de cambiar. La mayoría de las personas no son conscientes de que, muchas veces, su conducta está determinada por la autoestima que tienen y a la inversa (su conducta determina su autoestima). Evitan los riesgos o se lanzan a ellos sin saber que es su propia autoestima la que, a menudo, les impulsa a actuar de esta manera. Después de leer este libro es posible que ya no estés tan de acuerdo en, por ejemplo, ver sólo lo negativo, en no darte oportunidades o en creer que eres un inútil por haber fallado en una prueba importante. O, por lo menos, ya no te creerás a pie juntillas todo lo que te diga tu autocrítica. Algo habrá despertado en ti. ¡Y sería fantástico que fuera la conciencia de tu propia autoestima!

PODEMOS AUMENTAR NUESTRA AUTOESTIMA

Experiencias positivas o momentos naturales de autoestima

Podemos aumentar la autoestima de manera significativa con experiencias positivas. Es lo que denominamos momentos naturales de autoestima. Una circunstancia favorable, un acontecimiento realmente satisfactorio, un reto superado, un reconocimiento a nuestra labor, etc. constituyen una oportunidad para modificar el patrón de baja autoestima que veníamos desarrollando de una forma natural. Un ejemplo válido es compararse con un barco empujado por la marea alta y por los vientos. Tenemos que favorecer la emergencia de esos momentos realmente valiosos para que, poco a poco, podamos ir modificando nuestro antiguo patrón de autoestima.

PODEMOS AUMENTAR LA AUTOESTIMA DE MANERA SIGNIFICATIVA CON EXPERIENCIAS POSITIVAS. ES LO QUE DENOMINAMOS MOMENTOS NATURALES DE AUTOESTIMA

Una forma de seguir ese impulso favorable es tenerlo presente en el futuro y guardarlo para los momentos bajos, como ejemplo significativo de que no existe una tendencia única. Por eso es muy importante que la persona tenga una voluntad de cambio. Siguiendo el nuevo rumbo favorecedor puedes empezar a modificar tu historial de baja autoestima. Pero las oportunidades llegan en cualquier momento y hay que saber aprovecharlas. Nada te puede hacer cambiar; ni el mejor libro ni el mejor psicólogo pueden hacer nada si tú no decides conseguirlo. A la larga, las cosas cambian porque nada es eterno, todo es modificable.

Por otra parte, una voluntad de cambio puede empezar con nuestra propia actitud, es decir, con un cambio en nuestra percepción de las cosas. Por ejemplo, si ante un acontecimiento desagradable conseguimos neutralizar la crítica y no sentirnos culpables ni responsables de lo ocurrido, podremos observar pequeñas modificaciones, aunque de gran valor, en nuestra percepción. Si ante un comentario negativo, somos capaces de rebatirlo con naturalidad y permanecer indiferentes, transformaremos un poco la percepción del otro. A través de pequeñas variaciones en nuestra actitud lograremos modificar, en algo, nuestro entorno y, a la larga, alcanzaremos los grandes cambios deseados.

Autoestima y éxito

La autoestima implica éxito, pero no todas las manifestaciones de éxito tienen los mismos efectos. Por ejemplo, una persona puede tener mucho éxito profesional pero ser víctima de una autoestima muy baja. Y es que muchas veces los reconocimientos o los éxitos materiales son una manera de sustituir o compensar una baja autoestima. Es bastante frecuente, por ejemplo, que una persona busque constantemente el éxito por temor al fracaso. La competencia en la superación de los retos vitales es muy relevante para la autoestima. Esto no significa sólo tener éxito o hacer algo con efectividad. Existen cuatro formas de éxito muy positivas para la autoestima:

1. El poder: la capacidad para influir o guiar a otros.

   Tener poder sobre otras personas no significa necesariamente manipularlas. En determinados momentos es necesario atreverse a pedir y, si se da el caso, a mandar.

No debes temer el tomar una iniciativa que puede ser, perfectamente, secundada por los demás, y menos cuando eso es lo que has estado haciendo tú hasta ahora. Por el contrario, si la idea propuesta por otra persona no te gusta, comunícaselo y propón otra que tú consideres mejor. O si te piden un favor o algo que en ese momento no te va bien hacer, debes también decirlo. Cuando veas que la persona en cuestión no sólo no deja de hablarte sino que, incluso, te respeta un poco más, probablemente sentirás que no estabas equivocado/a al negárselo (si era eso lo que querías) y te respetarás un poco más a ti mismo/a.

Si alguien nos pide consejo, podemos dárselo; podemos dar a conocer a los otros algo que nosotros sabemos como, por ejemplo, el estreno de una obra de teatro; podemos opinar sobre ropa, peinados, coches, etc. La información es una fuente de poder y de dominio, ¡atrévete a usarla!

LA COMPETENCIA EN LA SUPERACIÓN DE LOS RETOS VITALES ES MUY RELEVANTE PARA LA AUTOESTIMA

2. El significado: la aceptación, atención y afecto de los otros.

Ser aceptado es muy importante para nosotros, como seres sociales y gregarios que somos. A todos nos gusta que en una cena o en una reunión se nos preste atención. Sin embargo, hay personas que se ponen nerviosas debido a la falta de costumbre. La clave está, precisamente, en acostumbrarse y tomarlo como algo natural. Podemos empezar por reclamar la atención de las personas que tenemos más cerca. Si no nos creemos capaces podemos empezar por una, luego por dos y, poco a poco, ir incrementando el número. No es necesario tener toda una sala repleta de desconocidos a nuestros pies. Lo importante es que estemos a gusto con las personas que nos interesan y que estas nos demuestren, a su vez, que nosotros también somos importantes para ellas.

Muchas personas creen que estar constantemente al servicio de los demás les hará ganarse su afecto. Lo único que hacen es que estos tengan la tentación de aprovecharse de ellas. El afecto no implica servilismo. El afecto implica respeto. Y nos podemos ganar el afecto de los demás por nuestras cualidades como personas, y no por lo que hagamos por ellas o por lo que les demos a cambio.

**EL AFECTO NO IMPLICA SERVILISMO.
EL AFECTO IMPLICA RESPETO**

3. La virtud: la adherencia a normas morales.

   Para una persona creyente, cumplir las normas o vivir de acuerdo con sus creencias comporta una enorme satisfacción. Todos tenemos normas y valores que consideramos muy importantes y que forman parte de nosotros mismos. Sentirse virtuoso o buena persona, sin duda, eleva el espíritu de las personas. Pero para que la virtud se convierta, realmente, en fuente de enriquecimiento y de desarrollo personal debe llevarse a cabo con pleno convencimiento, es decir, de nada sirve seguir las normas de cara a la galería si en el fondo no creemos en ellas. Tenemos que actuar de acuerdo con nuestros propios valores, aunque estos no sean los de la mayoría. Debemos estar plenamente convencidos para que nada ni nadie haga tambalear nuestra fe en nosotros mismos.

4. La competencia: una ejecución satisfactoria al cumplir las demandas para el logro.

   Hacer las cosas bien, ser responsable y sentirse reconocido y valorado por los demás son algunas de las fuentes de autoestima más valiosas que existen. Arreglar un enchufe, cambiar un neumático, plantar un rosal o hacer una comida deliciosa son, sólo, algunos ejemplos de las miles de cosas que podemos hacer para mejorar nuestra autoestima. Puede tratarse de cosas útiles, difíciles, cosas que jamás habíamos pensado, cosas que los demás aprecien; en definitiva, cosas que nosotros queremos hacer. Practicar algún deporte, estudiar una carrera o conseguir ese ascenso tan ansiado son, también, otras formas de ejemplificar la competencia. ¡Fíjate todo lo que puedes hacer por tu autoestima!

¿CÓMO PODEMOS HACERLO?

Nuestro pensamiento automático suele ser el responsable de la mayoría de los problemas de autoestima. Nos hace ver problemas inexistentes, aceptar falsas creencias, a la vez que detiene nuestro desarrollo con un miedo paralizador. Debemos saber que muchas de las cosas que tenemos por ciertas —porque nos las enseñaron durante la infancia— resultan absurdas en el presente. Historias como la del hombre del saco o el ratoncito Pérez (que nos traía dinero cuando se nos caía un diente) o creencias como la de los Reyes Magos o Papá Noel, pero mucho más perjudiciales y nocivas, continúan vigentes en la edad adulta.

La autocrítica y los pensamientos perturbadores se basan en creencias que no se sostienen racionalmente. Ya hemos visto el daño que nos causan, veamos ahora cómo podemos deshacernos de ellos para poder alcanzar un desarrollo óptimo en nuestra vida.

PATRÓN COGNITIVO

Neutralizar los pensamientos perturbadores

Hemos visto cuáles son los pensamientos perturbadores más comunes de las personas con baja autoestima. Se trata de pensamientos irracionales que actúan minando el ya deteriorado concepto que tienen de sí mismas, haciéndolas sentir desdichadas, inferiores a los demás, con peor suerte e incapaces de mejorar su estado. Saber que muchas veces la causa de sus preocupaciones son estos pensamientos, no es suficiente; no basta con reconocerlos, hay que saber rebatirlos con pensamientos racionales en el momento en que aparecen. Cuando las personas con baja autoestima se autocastigan con este tipo de pensamientos y se sienten abatidas, apenas son conscientes de su dura e implacable voz interior pero creen firmemente en todo lo que ella les dice, con lo que se mantiene su baja autoestima, si es que no se acrecienta.

Existen diversos mecanismos para luchar contra los pensamientos perturbadores. La literatura sobre la autoestima recoge varios procedimientos que van desde detener el pensamiento hasta hacerles frente alzando la voz para alejarlos de nuestra mente; no obstante, nosotros preferimos la técnica que David Burns recoge en su libro *Sentirse bien*.[1] Esta técnica consiste en sustituir este tipo de pensamientos auto-

1. David Burns, *Sentirse bien. Una nueva fórmula contra las depresiones*, Ediciones Paidós Ibérica, S.A., Barcelona (2.ª edición), 1994.

máticos por pensamientos racionales. Preferimos esta técnica porque consideramos que es la más eficaz y la que ofrece más garantías de éxito. Creemos que acallar los pensamientos sólo es una medida temporal; tarde o temprano vuelven a surgir y lo que queremos es eliminar la tendencia a producir estos pensamientos. Para ello, somos partidarios de que lo mejor es desacreditarlos y sustituirlos por otros más racionales.

LOS PENSAMIENTOS PERTURBADORES DEBEN SER REEMPLAZADOS POR PENSAMIENTOS RACIONALES

Aunque nos lleve más tiempo, a la larga conseguiremos pensar de una forma más racional y dejaremos de producir ese tipo de pensamientos. Además, al desacreditarlos, esos pensamientos automáticos perderán su fuerza y, por tanto, el dominio que ejercen sobre nosotros. Por último, el hecho de ponerles un nombre consigue un efecto terapéutico muy interesante porque el pensamiento automático deja de ser una parte intocable de nosotros mismos, como lo es, por ejemplo, el color de los ojos o el cabello. Nos damos cuenta de que se trata de un mal hábito como mordisquearse los labios o hurgarse la nariz, algo que hemos estado haciendo durante toda nuestra vida sin ser conscientes de que era perjudicial para nuestra autoestima. Ser conscientes de ello y, sobre todo, saber que se puede remediar con el tratamiento adecuado (basado en el reaprendizaje), nos alivia un poco y nos aporta una sensación de control muy saludable.

Ahora puedes averiguar qué tipo de pensamiento perturbador acude a tu mente con más frecuencia y descubrir de qué manera puedes eliminarlo.

Primer paso: identificar los pensamientos perturbadores

El primer paso para sentirse mejor y desprenderse de toda la carga emocional negativa que estos pensamientos conllevan, es estar pendiente de ellos y escucharlos. No creas que es algo fácil, lleva su tiempo y cuesta un poco al principio. Los pensamientos perturbadores se camuflan en la corriente de pensamientos que tenemos durante el día: imágenes, recuerdos, nuestra voz interior, sensaciones... Todo se mezcla en el fluir del pensamiento diario y cotidiano de una manera casi inconsciente. Hay que estar muy atentos para poder escuchar cómo, uno tras otro, los pensamientos perturbadores atacan nuestra autoestima de una forma casi subrepticia. Apenas nos damos cuenta. Es algo automático.

LOS PENSAMIENTOS PERTURBADORES ESTÁN MUY INTERIORIZADOS

Concedemos a los pensamientos perturbadores una credibilidad absoluta, cuando en realidad no tienen ningún fundamento racional. Ya vimos cómo actuaban a modo de frenos, tratando de evitar las situaciones de riesgo que podían debilitar nuestra autoestima, por escasa que esta fuera. La autoestima se protege de todo aquello que le puede hacer perder el estatus conseguido pero, a la vez, se dificulta a sí misma la posibilidad de crecimiento. Ante el riesgo prefiere la inmovilidad. Imaginemos, por un momento, que estamos en una fiesta en la cual hay un grupo de amigos charlando. Nos gustaría unirnos a él pero no lo hacemos por miedo a que nos rechacen; pensamientos del tipo «Van a pensar que estoy solo/a, que soy una pesado/a, que quién me ha invitado a participar, etc.» nos asaltan antes de poder acercarnos y acabamos por no hacerlo. Es posible que esto haga que nos sintamos mal, pero nunca tan mal como si nos hubieran rechazado. Lo que sucede es que tampoco comprobamos lo contrario. Si nos hubieran aceptado, hubiera aumentado nuestro sentido de la competencia («¡Me he atrevido!») y del merecimiento («¡Me han aceptado!») y nuestra autoestima hubiera subido (situacionalmente) un peldaño muy valioso. Pero evitamos cualquier situación que pueda implicar la pérdida de un ápice de nuestra autoestima. Y eso nos ocurre constantemente, porque la vida no deja de plantearnos retos.

EVITAMOS CUALQUIER SITUACIÓN QUE PUEDA IMPLICAR LA PÉRDIDA DE UN ÁPICE DE NUESTRA AUTOESTIMA

Los pensamientos perturbadores que conocemos forman parte de este mecanismo «protector» y, paradójicamente, debilitan nuestra autoimagen y nuestro autoconcepto para evitarnos «males mayores». Para poder aumentar nuestra autoestima tenemos que aprender a neutralizarlos. Sólo así podremos actuar de una forma más racional y liberarnos de la parálisis que nos inmoviliza y nos impide ser felices. Por ejemplo, cuando algo no nos sale bien y nos sentimos abatidos, solemos pensar cosas del tipo: «Soy un inútil, todo me sale mal». ¿Te das cuenta de que hay dos pensamientos perturbadores en esta queja? En primer lugar, lo que hacemos es autoetiquetarnos («Soy un inútil») y, después, tenemos un pensamiento del tipo todo o nada («Todo me sale mal»). Una vez más, evitaremos hacer aquello que nos sale mal, en lugar de intentar aprender a hacerlo. Y para ello debemos aceptar que no somos perfectos y que podemos fallar. Recuerda el ejemplo del niño que empieza a caminar. El niño aprende a caminar de la misma manera que aprende a levantarse del suelo cuando cae. Caminar implica un riesgo que se debe asumir. Si de niños no nos hubiéramos levantado del suelo cada vez que nos caíamos, hoy en día estaríamos, todavía, andando a gatas.

Una vez detectados estos pensamientos, es conveniente poder responder a ellos con argumentos o pensamientos racionales. Ello supone un gran alivio y es, además, un arma muy poderosa. Saber que no son racionales sino producto de nuestro miedo, les hace débiles ante nosotros. Por eso es importante que te acostumbres a hacerles frente reemplazándolos por pensamientos racionales. Con el tiempo llegarás a neutralizarlos y no les concederás ninguna credibilidad.

LOS PENSAMIENTOS PERTURBADORES NOS «PROTEGEN» PARA EVITARNOS «MALES MAYORES»

Segundo paso: reemplazarlos por pensamientos racionales

Hay una solución para cada problema y una respuesta para cada ataque. Los pensamientos perturbadores no tienen ningún fundamento racional en que basarse, son un hábito irracional fijado por la costumbre, el miedo y por falsas creencias que dañan nuestra autoestima. Existen varias técnicas para combatirlos basadas en la identificación del pensamiento y en la búsqueda de respuestas racionales. La que proponemos nosotros es la *técnica de las cuatro columnas* que ilustraremos a continuación.

En la primera columna del cuadro describiremos la situación que genera el pensamiento automático. En la segunda, anotaremos dicho pensamiento. En la tercera, lo catalogaremos atendiendo a su estructura profunda. Y, por último, en la cuarta, escribiremos los pensamientos racionales que deben reemplazar a los automáticos en nuestra argumentación de la situación. Veamos cómo se hace con el siguiente ejemplo:

SITUACIÓN DESENCADENANTE	PENSAMIENTOS AUTOMÁTICOS	PENSAMIENTO PERTURBADOR	REFUTACIÓN RACIONAL
Error en el trabajo	«Soy un fracasado»	Pensamiento todo o nada	«No soy un fracasado, no todo lo hago mal, si no no estaría aquí. Errar es de humanos»
Alguien a quien conocemos no nos saluda	«Seguro que no quiere hablar conmigo»	Lectura del pensamiento	«¿Me ha visto? Seguro que va con prisas o ensimismado/a»
Entrevista para un puesto de trabajo	«No voy a ir porque no me lo van a dar»	Error del adivino	«El no ya lo tengo, mi deber es intentarlo. Necesito el trabajo. Ya veremos qué pasa»

Otros autores (entre ellos Burns[2]) amplían esta técnica a seis columnas. Consideran que es bueno anotar el grado de angustia o ansiedad que nos provocan estos pensamientos, ya sea en porcentajes (del 0 al 100 por ciento) o en una escala que vaya del 1 al 10. Esto te permitirá comprobar cómo la angustia se reduce de modo considerable cuando se piensa racionalmente. Para ello puedes anotar las emociones que sientes después de pensar de forma automática y después de pensar de manera racional. Nosotros nos saltaremos esas dos columnas porque la experiencia nos dice que la técnica más eficaz es la más sencilla. Pero, de todos modos, puedes hacerlo si lo consideras oportuno.

2. David Burns, *op. cit.*

LA ANGUSTIA Y LAS EMOCIONES NEGATIVAS SON SIEMPRE MENORES CUANDO SE PIENSA RACIONALMENTE

¿Cuándo debes practicar la técnica de las cuatro columnas?

Yo te diría que siempre o, al menos, hasta que el pensar racionalmente se haya convertido en un hábito para ti. De este modo, cuando te encuentres ante un pensamiento perturbador habrás aprendido a neutralizarlo diciéndote cosas como, por ejemplo: «No soy torpe; me estoy etiquetando. Que haya cometido un fallo no quiere decir que siempre vaya a cometerlos. Eso sería hipergeneralizar. A todas las personas les puede pasar y no por ello se hunde el mundo. Seguro que la próxima vez lo haré mejor». Este tipo de discurso evidencia el hecho de que la persona ha interiorizado los diferentes tipos de pensamientos perturbadores que existen, y ha aprendido a identificarlos y a rebatirlos. Y lo más importante, no se desanima ante la posibilidad de intentarlo de nuevo aun a riesgo de volver a fallar. Como en casi todo, el aprendizaje y la práctica son fundamentales para lograr hacer las cosas con verdadera pericia. Por supuesto, esta técnica requiere también de aprendizaje y práctica. En situaciones «normales» con cinco o seis semanas sería suficiente. Pero si no lo logras en este tiempo, no te preocupes: no todo el mundo tiene la misma facultad para aprender; a unos les puede llevar más tiempo que a otros aprender determinadas cosas. Además, puedes practicar otro tipo de ejercicios. Lo importante es ir asimilando, poco a poco, todo lo que la técnica de las cuatro columnas plantea, pero no necesariamente del mismo modo.

Debes practicar esta técnica cada vez que la situación lo requiera. Imagínate que estás en un bar y que en la mesa de al lado se ha sentado ese/a chico/a que conoces de vista desde hace tiempo y con el/la que siempre te hubiera gustado hablar. No te cortes, coge un lápiz y pon en práctica la técnica de las cuatro columnas. O, por ejemplo, se te ha quemado la comida y tu marido o tu mujer se enfada. Tú te sientes mal porque crees que eres un/a inútil y un/a mal/a compañero/a. Te recomiendo que hagas lo mismo: coge lápiz y papel y haz la prueba:

SITUACIÓN DESENCADENANTE	PENSAMIENTOS AUTOMÁTICOS	PENSAMIENTO PERTURBADOR	REFUTACIÓN RACIONAL
Quisiera decirle algo a esa persona que me voy encontrando a menudo y me atrae	«Va a pensar que estoy loco/a, o que estoy desesperado/a. Seguro que no le hace gracia»	Lectura del pensamiento	«Qué puede pasar. A mí me gustaría. Realmente no sé lo que puede pensar. Tal vez le haga gracia; si no, pues nada. Ya lo sabré»
Se ha quemado la comida y hemos tenido que encargar una pizza	«Soy un desastre. Soy muy mal/a amo/a de casa. No se puede confiar en mí»	Etiquetaje. Pensamiento todo o nada	«Como diría mi abuela, sólo al que no cocina no se le quema nunca la comida. Hasta ahora no se me había quemado nunca y ya llevo cuatro años casado/a. No es para tanto»

A continuación analizaremos, uno a uno, los diferentes tipos de pensamientos perturbadores que existen, poniendo especial atención en los pensamientos racionales con los que debemos responder a ellos.

PENSAMIENTO «TODO O NADA»

Expresar y llevar las cosas hacia un extremo constituye una manera de falsear la realidad. Pero en este caso, en el que la autoestima está en juego, es peligroso y contraproducente porque si no hacemos bien una determinada tarea, nos consideraremos unos inútiles; o si no conseguimos algo, pensaremos que no tenemos nada. Y todo eso es completamente falso. Contestar y refutar un pensamiento «todo o nada» es, en sí, bastante sencillo. Bastaría con ser más específico. Ser concreto y llamar a las cosas por su nombre no sólo es realista sino, también, positivo porque nos hace ver las dimensiones reales de nuestro problema. Seguro que no es tan grande como para que no podamos solucionarlo.

SER ESPECÍFICO REDUCE LAS DIMENSIONES DE LOS PROBLEMAS

Juan, un excelente abogado, había perdido un caso muy importante. Esto le llevó a pensar que había perdido buena parte de su prestigio profesional cuando, en realidad, lo que había perdido era su autoestima. Ya no pertenecía al grupo de los triunfadores: ahora se consideraba un fracasado, un perdedor que nunca más podría volver a ganar un caso. Ya no quería volver a ejercer su profesión por miedo a fallar de nuevo. Aunque tan sólo había perdido un caso, para él era como si lo hubiera perdido todo. De repente, había olvidado todos sus éxitos anteriores, su ascendente carrera profesional y todo lo que, hasta ahora, le había hecho feliz.

SITUACIÓN DESENCADENANTE	PENSAMIENTOS AUTOMÁTICOS	PENSAMIENTO PERTURBADOR	REFUTACIÓN RACIONAL
Perder un caso	«No soy un buen profesional. Soy un fracasado»	Pensamiento todo o nada	«Sólo he perdido un caso. En cambio, he ganado muchos otros y ganaré muchos más»
Comprar un coche que nos ha salido malo	«¡Qué mala suerte tengo! Todo lo que compro es defectuoso»	Pensamiento todo o nada	«¡Si sólo me he comprado un coche en toda mi vida! Además todo lo que he comprado hasta ahora ha dado buen resultado»

Generalización excesiva

Este tipo de pensamiento perturbador lleva a la exageración cualquier suceso negativo o defecto que tengamos, haciendo que se incremente, de manera innecesaria, nuestro sufrimiento. Para reducir la generalización, primero deberíamos acostumbrarnos a no utilizar términos absolutos como *todo el mundo, nadie, siempre, nunca*, etc. porque no son reales. Si lo pensamos fríamente no son más que una forma de hablar pero, aun así, nos los creemos, sobre todo cuando tenemos la moral por los suelos y nuestra autoestima está bajo mínimos. En segundo lugar, deberíamos ser más específicos cuando hablamos. Así, por ejemplo, si en una fiesta que tú has organizado sólo hubo dos personas que no se divirtieron, no podemos decir que la fiesta fuera un fracaso, cuando había, pongamos por caso, diecisiete que se lo pasaron muy bien.

AUMENTAR LOS PROBLEMAS ES AUMENTAR EL SUFRIMIENTO

Pedro, un joven poco agraciado y muy tímido, se consideraba una especie de monstruo porque con 23 años no había salido con ninguna chica. Pedro no tenía un problema sino dos, ambos relacionados con la generalización. En primer lugar, creía que no saldría *nunca* con ninguna chica, ya que hasta entonces no lo había hecho. Y en segundo lugar, se sentía inferior al resto de chicos porque «*Todo el mundo*

SITUACIÓN DESENCADENANTE	PENSAMIENTOS AUTOMÁTICOS	PENSAMIENTO PERTURBADOR	REFUTACIÓN RACIONAL
Escaso éxito con las mujeres	«Nadie me quiere. Soy un asco. Nunca saldré con una chica»	Generalización excesiva	«He tenido miedo y no lo he intentado lo suficiente. Hay mucha gente que me aprecia. Tengo que darme más oportunidades»
No tener pareja	«Todo el mundo tiene pareja menos yo. Soy un bicho raro»	Generalización excesiva	«No todo el mundo tiene pareja. Hay 700.000 solteros en España de entre 25 y 30 años»

a mi edad ya ha salido con alguien, alguna vez». Le dije que había personas a las que iniciar una relación de pareja les resultaba mucho más difícil que a otras, pero que no por eso debía tirar la toalla, sino poner más empeño. Lo que no podía era desistir, que era lo que él había estado haciendo hasta ahora. Y después le tranquilicé diciendo que yo conocía, al menos, a más de quince personas que no habían salido con nadie hasta pasados los 25. Eso le alivió bastante. No era el único y nunca lo sería. Hay demasiada gente en el mundo para poder ser original.

FILTRO MENTAL

¿Conoces a gente capaz de ver sólo cosas buenas a su alrededor? ¿No es asombroso? Pues no, porque es exactamente lo que tú haces pero a la inversa. Y puestos a escoger, es preferible lo primero que lo segundo, por la sencilla razón de que ver sólo las cosas negativas nos conduce, irremediablemente, hacia el sufrimiento. Cuando sólo vemos aquello que nos hace daño, nos sentimos heridos; cuando vemos algo que nos molesta, molestos; cuando vemos sólo defectos en nosotros mismos, nos sentimos inferiores. Pero ¿por qué nos pasa esto? Es posible que no tengamos el objetivo bien focalizado o que vayamos por la vida con orejeras, viendo sólo lo malo y feo que hay en ella. ¿Qué pasa con la belleza, la alegría, los buenos momentos, el entusiasmo, la inocencia, la diversión, etc.? ¿Para quién dejamos todo esto?

VER SÓLO LAS COSAS NEGATIVAS NOS CONDUCE, IRREMEDIABLEMENTE, HACIA EL SUFRIMIENTO

Estrella sólo veía su suspenso en matemáticas. ¿Qué pasaba con las otras nueve asignaturas? Antonio se amargaba pensando en que no le habían ascendido. ¿Y el resto de sus logros? Y Rodolfo consideraba como un ataque cualquier comentario que se hiciera hacia su persona. Los tres eran poco objetivos y realistas. Fijarse en lo malo sólo provoca sufrimiento. Y es una actitud provocada por la costumbre. Una buena solución es esforzarse en encontrar el lado bueno de las cosas, que también existe. Es decir, contrarrestar la negatividad inherente a este tipo de pensamientos perturbadores con argumentos reales y positivos.

SITUACIÓN DESENCADENANTE	PENSAMIENTOS AUTOMÁTICOS	PENSAMIENTO PERTURBADOR	REFUTACIÓN RACIONAL
Perder un partido	«No hemos ganado. No somos los mejores. De hecho, somos malísimos»	Filtro mental	«Aún queda mucha liga por delante. Vamos los terceros, ¡no está mal! Somos de los mejores»
Suspender un examen	«Soy un mal estudiante. Nunca llegaré a la facultad»	Filtro mental	«He suspendido por poco y voy muy bien en el resto de materias»

DESCALIFICAR LO POSITIVO

Basta un pequeño giro de tuerca para pasar del filtro mental a la descalificación de lo positivo. El filtro mental nos impedía ver lo bueno porque estábamos demasiado ocupados y concentrados en lo negativo. Un paso más y podremos convertir, como el rey Midas, las cosas buenas en malas. Con lo cual lo negativo acabará impregnando todo lo que es básicamente bueno: un halago, una recompensa, un regalo, un gesto amable... ¿Por qué? Porque la persona con baja autoestima no cree merecer nada bueno; por eso todo ha de ser malo, como ella cree ser. Esta persona se vuelve suspicaz, retorcida, negativa y hostil.

UNA PERSONA CON BAJA AUTOESTIMA NO CREE MERECER NADA BUENO

Las amigas de Eva le hicieron una gran fiesta de cumpleaños. Poco antes había roto con su novio y sus amigas se reunieron para hacerle saber que nunca estaría sola y que la apreciaban mucho. Eva estropeó la fiesta y no se lo pasó nada bien porque creía que todas aquellas personas sentían lástima de ella y que, incluso algunas, celebraban su ruptura en vez de su cumpleaños. Eva no creía merecer en absoluto aquella fiesta y por eso la convirtió en un castigo.

SITUACIÓN DESENCADENANTE	PENSAMIENTOS AUTOMÁTICOS	PENSAMIENTO PERTURBADOR	REFUTACIÓN RACIONAL
Una invitación	«Me han invitado a su fiesta porque les hace falta gente»	Descalificar lo positivo	«No tenían por qué invitarme, si lo han hecho es porque querían que fuese»
Un halago	«Seguro que me lo ha dicho para quedar bien pero yo sé que no le gusto»	Descalificar lo positivo	«No tenía por qué decirme lo que me ha dicho. No sé cuál era su intención, pero no ha estado mal»

LECTURA DEL PENSAMIENTO

Los pensamientos negativos sobre uno mismo son convertidos en pensamientos universales. No nos conformamos con pensar mal de nosotros mismos, sino que extendemos estos pensamientos negativos sobre nosotros a los demás. Estamos convencidos de que todo el mundo piensa mal de nosotros. Lo damos por cierto. Creemos que nos ven como nosotros nos vemos y que nos dan lo que nosotros nos damos. Pero no tenemos nada en lo que basarnos. La lectura de pensamiento es irracional, pero no nos tomamos la molestia de comprobar lo equivocados que estamos. Una manera de contestar a estos malos pensamientos es preguntándoles en qué se basan; pidiéndoles pruebas racionales: «¿Cómo puedo saberlo? ¿Quién dice que ella/él piense así? ¿Qué pruebas tengo? Sólo porque hoy tal persona ha estado seca conmigo no significa que me odie, que esté enfadada, que tenga algún problema conmigo o que no me quiera».

NADIE PUEDE SABER LO QUE PIENSA OTRA PERSONA, A MENOS QUE ESTA SE LO DIGA

María pensaba que su jefe estaba disgustado con ella. No sabía por qué, pero estaba convencida de ello. Últimamente estaba más serio que de costumbre y María dedujo que estaba enojado con ella, por lo que se volvió más distante y reservada. Procuraba ser más eficiente pero guardando con excesivo celo las distancias. El jefe de María estaba muy preocupado porque iban a trasladarlo. Así fue: fue trasladado de planta y no se planteó proponerle a María que se fuera con él porque creía que ella no estaba a gusto trabajando a su lado. Ambos se habían leído mutuamente el pensamiento y los dos se habían equivocado, cuando lo más lógico hubiera sido conversar y saber realmente qué les sucedía.

SITUACIÓN DESENCADENANTE	PENSAMIENTOS AUTOMÁTICOS	PENSAMIENTO PERTURBADOR	REFUTACIÓN RACIONAL
El jefe de María está muy raro últimamente	María: «Seguro que se ha disgustado por algo y está enfadado conmigo»	Lectura del pensamiento	«¿Qué puede pasarle?, se le nota preocupado. Si le pregunto tal vez pueda ayudarle»
María se distancia de su jefe	Jefe: «¿Cómo voy a proponerle si quiere trasladarse conmigo si apenas me habla?»	Lectura del pensamiento	«Últimamente está muy rara, apenas habla conmigo. Voy a comentarle lo del traslado, a ver qué piensa y si le conviene venirse»

ERROR DEL ADIVINO

La persona con baja autoestima se anticipa a los acontecimientos y piensa que lo que está por venir también va a ser negativo. Al creer que todo lo que le rodea es malo, piensa que nada bueno puede sucederle. La consecuencia, por supuesto negativa, de este pensamiento perturbador es que la persona con baja autoestima se resigna ante su negro futuro, ya que está convencida de que no puede hacer nada por cambiarlo. ¿Para qué pedir una cita a alguien? La persona con baja autoestima sabe que la respuesta será no. ¿Para qué intentarlo? Su actitud negativa es lo que provoca que en muchas ocasiones acierte en su pronóstico.

LA ACTITUD NEGATIVA DE LA PERSONA CON BAJA AUTOESTIMA ES LO QUE PROVOCA QUE MUCHAS VECES OBTENGA LO QUE ESPERA

Susana estaba convencida de que nunca encontraría trabajo y por eso no enviaba sus currículos ni se presentaba a las entrevistas que le salían. ¿Para qué molestarse? Como en ese momento no tenía trabajo, creía que no tendría nunca y no se esforzaba en intentar cambiar su situación. Las situaciones se modifican, nada es eterno; nada es para siempre. Los fracasos vendrán irremediablemente, a pesar de que huyamos de ellos. Lo mejor que se puede hacer es asumir que nadie es perfecto y que la mayoría de los éxitos sólo vienen tras una serie de fracasos y trabajo duro. Es bueno recordar la teoría 606 y pensar que vale la pena el esfuerzo. Las recompensas pueden parecernos pequeñas al principio, pero con el tiempo las metas pueden ser más ambiciosas. El ir paso a paso, el ser constante y el trabajar duro tiene sus recompensas; no creas que todo se consigue a la primera. Con una actitud negativa sólo conseguiremos que las cosas no nos salgan bien y que cometamos el error del adivino. Perseverar, en cambio, es una buena actitud. Debes saber que nadie es tan bueno como para tenerlo todo, ni tan malo como para no obtener nada.

SITUACIÓN DESENCADENANTE	PENSAMIENTOS AUTOMÁTICOS	PENSAMIENTO PERTURBADOR	REFUTACIÓN RACIONAL
Susana tiene una entrevista de trabajo pero no quiere ir porque ya ha ido a cuatro entrevistas y nunca la han cogido	Susana: «¿Para qué voy a ir? Seguro que no me cogen»	Error del adivino	«No sé qué puede pasar. Es imposible. Lo que es seguro es que si no voy, no me van a coger. Algún día encontraré el trabajo que busco, no puedo rendirme tan pronto»
Pedro no quiere hablar con su amigo Juan porque este le trató muy mal la última vez que se vieron	Pedro: «Yo no le hice nada y él me gritó, seguro que está enfadado conmigo. Pues peor para él»	Error del adivino	«No debo sacar conclusiones apresuradas. Juan es mi amigo, podría preguntarle qué fue lo que le pasó. Se le veía muy nervioso. Tal vez le ocurra algo que yo no sepa»
Helena no se presenta a un examen porque está convencida de no haber estudiado lo suficiente	Helena: «¿Cómo voy a presentarme? Sé que voy a suspender»	Error del adivino	«Otras veces me he presentado menos preparada. Tal vez tenga suerte y me pregunten aquello que sé. De todas formas no pierdo nada por probar»

MAGNIFICACIÓN Y MINIMIZACIÓN

Un pensamiento distorsionado provoca una percepción distorsionada. En este caso veíamos que se trataba de aumentar aquello que nos molestaba, no nos gustaba o nos hacía daño, y de reducir las fuentes de satisfacción y alegría. Aumentar los aspectos negativos y reducir los positivos de todo lo que nos rodea o de nosotros mismos sólo puede acarrearnos malestar, tristeza y un profundo sentimiento de inferioridad. La baja autoestima ha marcado una tendencia de pensamiento poco realista y contraproducente que creemos como si fuera una verdad absoluta. Recurrir a los porcentajes, ser específico, pensar de forma racional, evitar ser catastrofistas y no definir las cosas según nuestro estado de ánimo, son actitudes que pueden ayudarnos a tener una visión un poco más objetiva de nosotros mismos y de lo que nos acontece.

Rosa es una chica con baja autoestima que es incapaz de enumerar tres cosas buenas seguidas. Su visión de sí misma era absurdamente descompensada; por cada cosa «no mala», veía nueve defectos «garrafales» y esta visión se hacía extensiva a todo (a lo que las personas le hacían, a los acontecimientos que vivía, a sus logros...). En una fiesta que se celebró en casa de unos amigos, derramó sin querer, vino, en una preciosa alfombra. Este detalle la tuvo amargada toda la noche y durante días no pudo recordar nada bueno de aquella fiesta. A pesar de ofrecerse a pagar los gastos de la tintorería y de que la anfitriona, viéndola tan apurada, ignorara el percance y no le diera más importancia, Rosa no podía evitar sentirse un desastre y una patosa.

SITUACIÓN DESENCADENANTE	PENSAMIENTOS AUTOMÁTICOS	PENSAMIENTO PERTURBADOR	REFUTACIÓN RACIONAL
En una fiesta de unos amigos, Rosa derrama un poco de vino en una alfombra muy cara	Rosa: «¡Menudo desastre! Seguro que no vuelven a invitarme nunca más»	Magnificación y minimización. Lectura del pensamiento	«Ha sido un accidente, ya les propuse pagar la tintorería. No conozco a nadie que nunca haya derramado nada sin querer»
Pedro se entera de que su amigo Carlos es homosexual	Pedro: «¿Por qué me lo ha dicho? Ahora todo es diferente y además, la gente puede pensar ahora que yo también lo soy»	Magnificación y minimización. Descalificación de lo positivo. Lectura del pensamiento	«Me lo ha dicho porque confía en mí. Es un gran signo de confianza. Las cosas no tienen por qué cambiar. Conozco a Carlos desde hace muchos años y es una gran persona. Eso no cambia. Yo no puedo saber lo que la gente piensa y para mí Carlos es mucho más importante que la gente»

SITUACIÓN DESENCADENANTE	PENSAMIENTOS AUTOMÁTICOS	PENSAMIENTO PERTURBADOR	REFUTACIÓN RACIONAL
Alberto recibe elogios de su jefe por su trabajo, pero este le pide que aprenda inglés	Alberto: «Seguro que esos elogios eran para amortiguar el golpe. Le molesta que no sepa inglés y por eso me ha hecho pasar vergüenza. En realidad no cree que haga bien mi trabajo y lo del inglés ha sido una excusa»	Magnificación y minimización. Lectura del pensamiento	«Es cierto que no tengo un buen nivel de inglés y no debería molestarme que me lo digan. Además, el resto de comentarios eran muy positivos. Él confía en que puedo aprender más y mejorar mi trabajo y mi inglés»

Razonamiento emocional

Tomar las emociones como verdades absolutas y describirse uno mismo en función del sentimiento o la emoción que le embarga en ese momento, es muy contraproducente en una persona con baja autoestima. La tendencia al malestar deriva, a veces, en absurdas definiciones de uno mismo o de las situaciones vividas. Imaginemos que hemos sido rechazados y que eso, como es normal, nos hace sentir mal, de ahí a pensar que somos horribles y a sentirnos desesperanzados de por vida hay un abismo. Ciertamente, no estamos siendo racionales.

LOS SENTIMIENTOS NO SON VERDADES ABSOLUTAS NI IMPLICAN HECHOS DE LA REALIDAD

Una persona puede sentirse mal porque puede haber perdido un trabajo, a un familiar o haber tenido una mala experiencia. Si la viéramos salir de una fiesta, triste y compungida, y no tuviéramos ni idea de lo que le sucede, podríamos pensar que esa fiesta es un fracaso. Sin embargo, ese pensamiento es erróneo; lo que pasaba, simplemente, era que esa persona no estaba —y nunca mejor dicho— para fiestas. Esa fiesta, no obstante, podía estar muy bien para el resto de personas que no estaban pasando por un mal momento. Ya sabes el dicho: «Cada uno cuenta la feria según cómo le ha ido». Otras veces nos sentimos mal y creemos que algo no va bien. ¡Ni mucho menos! Eso no tiene por qué ser así necesariamente. Podemos estar tristes sin que eso implique que algo vaya mal.

No podemos olvidar la temporalidad de todo, es decir, que todo tiene un principio y un final; que una situación, por más desagradable que sea, no debe marcarnos y estigmatizarnos. Si hemos fracasado frente a algún reto, no debemos tomar el malestar o sentimiento negativo que nos ha provocado como prueba inequívoca de que somos unos perdedores o unos inútiles. Mirémoslo a la inversa: imagina que hemos ganado una partida al Trivial, al parchís o al póquer y que estamos eufóricos; ¿debemos creer entonces que somos unos vencedores y que siempre vamos a ganar? Que uno sienta las cosas de una manera, no significa que realmente sean así. Recuerda la diferencia entre ser y hacer. Un comportamiento negativo no implica necesariamente que la persona sea mala.

SITUACIÓN DESENCADENANTE	PENSAMIENTOS AUTOMÁTICOS	PENSAMIENTO PERTURBADOR	REFUTACIÓN RACIONAL
Ana ha perdido muchas partidas al ajedrez con su hermano pequeño y se siente mal por ello	Ana: «Soy una perdedora. Él todo lo hace mejor»	Razonamiento emocional	«Debería alegrarme que él juegue tan bien al ajedrez. Debería esforzarme y ponérselo más difícil. Que pierda al ajedrez no significa que sea una perdedora»
Andrés ha regañado a su hijo pequeño porque este ha pintado en las paredes del salón	Andrés: «Me siento fatal, tal vez no debería haber sido tan duro con él, todavía es muy pequeño. No soy un buen padre»	Razonamiento emocional	«Me siento mal porque no estoy acostumbrado a regañarle, pero sé que es bueno establecer límites y poner normas a los hijos. En realidad, no he sido muy duro. He sido firme»

ETIQUETAJE

Uno de los peores pensamientos perturbadores que sufrimos es el etiquetaje. Hasta las personas con una autoestima positiva sucumben frente a este tipo de pensamiento perturbador. Poner etiquetas a todo es muy común. Pero el problema se complica cuando ponemos una etiqueta a alguien y esta es negativa, limitadora y para toda la vida. Con ello lo único que conseguimos es imponer un estigma a esa persona, del que difícilmente podrá desprenderse.

SITUACIÓN DESENCADENANTE	PENSAMIENTOS AUTOMÁTICOS	PENSAMIENTO PERTURBADOR	REFUTACIÓN RACIONAL
María ha cometido un error en su trabajo; algo ha salido mal y ella se siente culpable e incompetente	María: «Es culpa mía. Este trabajo es demasiado difícil y complicado para mí. Yo nunca he sido muy lista»	Personalización. Etiquetaje	«Creo que yo hice bien lo que se me pidió. Ya veremos dónde está el error. Si ha sido fallo mío, aceptaré mi responsabilidad. Hasta ahora no he tenido problemas y hace años que nadie me llama tonta, excepto yo misma»
Rosa cree que es torpe porque se le cayó un poco de vino en una carísima alfombra	Rosa: «¡Desde luego, mira que soy torpe! Ahora no me cabe ninguna duda, ni al resto de la gente tampoco»	Etiquetaje. Lectura del pensamiento	«Tengo complejo de torpe, pero reconozco que es más una manía que algo real. Mi marido rompe más cosas que yo y no por ello se considera torpe. Lo de la alfombra fue un lamentable accidente»

Juan, un amigo de juventud, era una persona poco puntual. No obstante, hoy, tras varios encuentros, no puedo decir que Juan sea impuntual. Sin embargo, en la mente de muchos de sus conocidos de la época quedará esa imagen de impuntualidad con la que tantas veces habíamos bromeado. Esta anécdota no es muy relevante dado que la etiqueta, en este caso, no es excesivamente negativa ni cruel. Pero, muchas veces somos nosotros mismos quienes nos las ponemos y podemos llegar a ser mucho más crueles con nosotros mismos de lo que somos con ninguna otra persona del planeta. A María le dijeron desde pequeñita que era tonta porque sacaba malas notas y, todavía hoy, lo continúa creyendo. María tiene 33 años y doy fe de que no tiene un pelo de tonta.

Por tanto, debemos tener cuidado a la hora de etiquetarnos y de etiquetar a los demás. Las etiquetas no deben ser negativas ni eternas. El hecho de que a Rosa se le cayera un poco de vino en la alfombra, no significa que sea torpe. ¿Cuántas cosas maneja Rosa sin destrozarlas? ¡Muchas! Recuerda siempre aquel refrán que dice: «Cría fama y échate a dormir».

PERSONALIZACIÓN

El exceso de responsabilidad llevado a la enésima potencia hace que las personas con baja autoestima crean que tienen la culpa de todo: del mal tiempo, de que otras personas no cumplan su palabra, de que su coche no funcione, etc. Todo el mundo sabrá que no es culpa suya excepto ellas mismas. De este modo, se sienten mal por todas las cosas negativas que suceden a su alrededor; se sienten culpables y creen, de forma sincera, que deberían haber hecho algo para evitarlo.

Como si de dioses se tratara, estas personas cargan con los males del mundo. El hermano de Juan se hizo adicto a las drogas y él cargaba con esa culpa. Primero, porque consideraba que debía haberlo impedido y, segundo, porque debía ayudarlo. Juan creía que era responsabilidad suya cuando, en realidad, no era así; lo cual no significaba desentenderse sino tomar las cosas en su justa medida. Si su hermano arruinaba su vida era bajo su responsabilidad. Juan podía intentar ayudarlo, pero eso no significaba hacerse responsable de sus decisiones (y más siendo estas tan dañinas). Al fin y al cabo, Juan no tenía la culpa de nada (ni le incitó, ni le obligó) y cada persona debe ser responsable de sí misma.

SITUACIÓN DESENCADENANTE	PENSAMIENTOS AUTOMÁTICOS	PENSAMIENTO PERTURBADOR	REFUTACIÓN RACIONAL
El hermano de Juan es drogadicto	Juan: «Es culpa mía, debería haber estado más atento»	Personalización	«Tengo que ayudarlo como pueda. Tal vez él desee que lo interne en una clínica. Lo que ha hecho mi hermano ha sido una locura»
La película de cine que Ana propuso era un rollo	Ana: «Desde luego, ¡nunca volveré a escoger una película! ¿Cómo no lo supe? Por mi culpa, los demás lo han pasado mal»	Hipergeneralización. Personalización	«¡Cómo iba a saber que la película era tan mala. La próxima vez me informaré mejor»

Neutralizar las creencias absolutas y los «debería»

La mayoría de creencias y reglas se forman en respuesta a necesidades, pero poco o nada tienen que ver con la realidad. Se generan por expectativas paternas, del grupo, culturales y sociales, y también por nuestra necesidad de sentirnos queridos y aceptados por los demás o por nosotros mismos.

LA MAYORÍA DE LAS CREENCIAS SE FORMAN EN RESPUESTA A NECESIDADES, PERO POCO O NADA TIENEN QUE VER CON LA REALIDAD

Una manera de hacer frente a todo este tipo de valores inculcados, que perjudican nuestro desarrollo personal y merman nuestra autoestima con una incesante y feroz autocrítica, es aprendiendo a distinguir los valores sanos de los que no lo son tanto.

Valores sanos

Los valores sanos son flexibles, no absolutos ni universales. Se poseen, pero no están interiorizados (ya mencionamos la diferencia entre las creencias propias y las inculcadas). La persona debe contrastar los valores externos con los propios para saber en qué medida le afectan. Además, los valores sanos son más realistas que los no sanos y siempre tienen en cuenta las circunstancias personales del individuo. Todas estas características quedan muy bien ejemplificadas en el siguiente caso:

Imagina que hemos enseñado a nuestro hijo (evidentemente, por su bien) a no hablar con desconocidos: «Nunca debes hablar con desconocidos, bajo ningún concepto». Pues bien, supongamos que él yendo de excursión se aleja, sin querer, del resto del grupo y se pierde. Esto es lo que le sucedió al hijo de una paciente. Se perdió, con sólo 8 años, en una ciudad grande y extraña. Sus padres le habían repetido mil veces eso de «No hables con extraños» pero el niño, viéndose perdido y solo, decidió que era más conveniente (realista) hacer una excepción (flexibilidad) y dejarse guiar por su instinto de supervivencia (que poseía). El niño se acercó a una señora que le pareció de fiar y le contó lo que le había pasado. Afortunadamente, la historia tuvo un final feliz y sólo se quedó en un susto.

LOS VALORES SANOS SON FLEXIBLES, SE POSEEN, SON REALISTAS Y TIENEN EN CUENTA NUESTRAS NECESIDADES Y SENTIMIENTOS

Valores no sanos

Estos valores son antagónicos a los anteriores. Se trata de valores que, casi nunca, cuestionamos por considerar que pertenecen al ámbito de las verdades incuestionables. A diferencia de los otros, no son flexibles ni realistas sino globales y absolutos. Son valores inculcados que no tienen en cuenta ni nuestros deseos ni nuestras necesidades. La mayoría de las veces creemos estar siguiendo unos postulados correctos, pero los resultados de nuestras acciones no son positivos ni para nosotros ni para los que nos rodean, porque se basan en principios y creencias que, a la larga, pueden hacernos daño. Ya vimos el ejemplo de la mujer que creía (valor inculcado) que «el matrimonio era para siempre». Su matrimonio fue un infierno debido a los malos tratos físicos y psicológicos que recibía por parte de su marido. Hasta tal punto era así que tuvo que plantearse seguir con su marido o tratar de ser feliz y recuperar su dignidad como persona. Desgraciadamente, muchas veces, esto no es suficiente y, como ocurrió en ese caso, el divorcio vino cuando los malos tratos se hicieron extensivos al resto de la familia. En ese momento la mujer titubeó un poco pero, al final, el bienestar de sus hijos pudo más que el valor que le habían inculcado.

LOS VALORES NO SANOS SON INFLEXIBLES, SON INCULCADOS, NO SON REALISTAS Y NO TIENEN EN CUENTA NUESTRAS NECESIDADES Y SENTIMIENTOS

Evaluar las consecuencias positivas y negativas de cada opción

Una manera de resolver el conflicto que se produce cuando enfrentamos los propios principios con los inculcados, es evaluar las consecuencias positivas y negativas de cada opción. Tras identificar los dos grandes tipos de valores que rigen muchos aspectos de nuestra vida, la evaluación de sus consecuencias suele aportar mucha luz sobre la opción que conviene seguir.

Generalmente, los valores que debemos seguir son valores que, casi siempre, ya poseemos; tienen en cuenta nuestras necesidades básicas (de supervivencia, emocionales, intelectuales, sexuales, etc.) y se adaptan a las circunstancias cuando estas lo requieren. Vivir de acuerdo con valores sanos no supone ningún sacrificio para nosotros, al contrario, resultan muy llevaderos y enriquecedores.

Veamos ahora un ejemplo, muy sencillo y gráfico, sobre la evaluación que antes mencionábamos. ¿Cuántas veces habremos oído eso de que «Los hombres no lloran»? Pues bien, yo creo que es una solemne tontería. ¿Acaso no podemos estar tristes o emocionarnos? Pues claro que sí, pero hay quien piensa que llorar es de «blandos», sobre todo, si se hace en público. La humanidad de los hombres entra en conflicto con su virilidad. Por mi parte, hace ya muchos años que dejé solventada esa cuestión. Siempre tuve claro que mi humanidad era lo más importante para mí y, por supuesto, nunca me he sentido menos hombre por dejar fluir mis emociones cada vez que lo he necesitado.

Los «debería»

Frente a los «debería» que nuestra voz interior nos dice, en tono de reproche, no hemos de claudicar. Lo que tenemos que hacer es plantarnos con firmeza y preguntar: «¿Por qué?». «¿Por qué debería haber hecho otra cosa distinta de la que hice? O ¿por qué debería ser de otra manera diferente a como soy?» Si crees que la respuesta es «Porque sería lo mejor», fíjate en el tiempo verbal empleado. Decimos «sería» en lugar de «es». De esta manera caemos de bruces en una trampa del lenguaje. Los «debería» encierran en sí mismos una imposibilidad de realización y eso es lo que muchas veces nos frustra. La mayoría de las veces se trata de utopías que nunca podremos llevar a cabo, por mucho empeño que pongamos.

Ya hemos dicho que para hacer frente a los «debería» es preciso contestar «¿Por qué?», para, por un lado, poder conocer el motivo (si es que existe) por el cual «Debería ser de otra manera y no de esta» y darnos cuenta de lo absurda y poco convincente que resulta esta explicación y, por el otro, reafirmarnos en nuestra postura, que puede ser más o menos acertada, pero que es la nuestra. Los «debería» suelen cuestionar cualquier comportamiento que pueda salirse de la norma (no siempre somos buenos y amables con todo el mundo, no siempre somos los más rápidos, no siempre sacamos las mejores notas, ni tampoco somos siempre valientes). Pero es que ¿acaso somos perfectos? ¿Acaso tenemos siempre alternativas? Y, sobre todo, ¿tan malo es ser como somos? Evidentemente, la respuesta es no. Ni somos perfectos ni tenemos siempre alternativas que nos garanticen que nuestro comportamiento será el más adecuado en una situación determinada. Los «debería» no ofrecen respuestas ni caminos alternativos, sólo se oponen a nuestra felicidad. Sólo una vez visto el resultado de nuestras acciones (no siempre favorable) se apresuran a recordarnos la mala elección que hemos hecho, como ese «amigo» que todos tenemos y siempre nos dice: «Yo lo hubiera hecho de esta otra manera». Está claro, pues, que los «debería» no sirven para nada y que lo único que hacen es angustiarnos.

LOS «DEBERÍA» NO OFRECEN RESPUESTAS NI CAMINOS ALTERNATIVOS, SÓLO SE OPONEN A NUESTRA FELICIDAD

Cómo neutralizar la autocrítica

La crítica se basa, casi siempre, en pensamientos perturbadores; los cuales, probablemente, ya habrás aprendido a identificar. Insultos como estúpido, torpe, inútil, feo, cobarde, mal padre, mala madre, etc. no son más que meras etiquetas. Aunque ya hemos explicado cómo se debían contrarrestar, creemos conveniente incidir un poco más en este tema, vista la enorme influencia que estas ejercen sobre nosotros.

El problema de las etiquetas es que en una sola palabra encierran una fuerte carga negativa que la persona asume como propia. Si las etiquetas son siempre las mismas y se repiten constantemente, la persona acaba convenciéndose a sí misma de que realmente es así y anulando por completo al resto de atributos de su personalidad.

En una fiesta, me presentaron a un joven muy amable, guapo y simpático que hacía las delicias de los invitados. Cuando fui a la barra a que me sirvieran un poco más de bebida, un desconocido me susurró al oído que aquel joven era homosexual. Un venerable anciano que estaba cerca de nosotros escuchó el comentario y girándose hacia aquella persona, le dijo: «Ese joven tiene nombre (tal). Es el tercero de mis hijos. Es un excelente deportista, campeón de la provincia en 400 m vallas y cinturón negro de kárate. Es un buen abogado, una persona inteligente y un virtuoso del piano. Pero lo mejor de todo es que es buena persona, ama a su familia y a sus amigos. Siempre está cuando se le necesita y como puede ver, además, es guapo y simpático. Señor, la próxima vez que diga que mi hijo es homosexual, por favor, incluya todo lo que le he dicho, así podrá hacer una descripción más aproximada de él». Fue impresionante, porque el hombre que había hecho el comentario se quedó, literalmente, sin palabras y sin argumentos para poder replicar. Ciertamente, se puso en evidencia y, después de escuchar las palabras del padre del muchacho, se sentía completamente humillado.

LA CRÍTICA SE BASA CASI SIEMPRE EN PENSAMIENTOS PERTURBADORES

No es justo que la definición de lo que somos se reduzca a una simple etiqueta. Sin olvidar que además podemos cambiar y que, a pesar de que ciertos rasgos nos acompañarán toda la vida, otros variarán con el tiempo, como consecuencia de las experiencias vividas y las circunstancias. Lo que está claro es que no podemos definirnos con una sola palabra. Por lo tanto, no debemos consentir que nadie intente definirnos con un insulto o con una etiqueta negativa.

Temporalidad

Cuando cometemos un error, sin querer nos llamamos torpes, estúpidos o nos decimos a nosotros mismos que todo lo hacemos mal. Pero hay que tener en cuenta que esto no es cierto: el error es temporal, se sitúa en el tiempo y en el espacio, como otras tantas cosas que hacemos de forma acertada. Entonces, ¿por qué de un pequeño episodio de nuestras vidas extraemos una generalidad y nos castigamos diciéndonos que «todo» lo hacemos mal? Haber derramado el café es un detalle sin importancia en la vida de una persona de, por ejemplo, 70 años; como también puede serlo el haber perdido unos informes. Por más que el error cometido pueda importunarnos, debemos concederle el valor real que tiene, para nosotros, en el presente y siempre teniendo en cuenta que se trata de una acción, no de nosotros. Por ejemplo, cuando un niño se porta mal, acostumbramos a decirle: «¡Eres malo, pórtate bien!». Ese «eres malo» repetido con frecuencia es muy perjudicial para el niño porque puede llegar a interiorizarlo hasta el punto de creer que es malo cuando, en realidad, no lo es; simplemente ha hecho algo que está mal o que ha molestado a sus padres o maestros.

El error es nuestro, ¡es verdad! pero no somos nosotros

Hay que saber distinguir, como decía antes, entre lo que hacemos y lo que somos. Nosotros podemos hacer el bien o el mal, pero no somos ni lo uno ni lo otro. Por lo tanto, ni las etiquetas ni el considerar que «todo lo hacemos mal» tienen ningún sentido. Para clarificar las cosas invirtamos un poco la situación: imagínate que cosechas un par de éxitos en tu vida, ¿eso te convierte de forma automática en un vencedor? Lo mismo sucede con los fracasos. Mientras haya vida y no rehuyamos las oportunidades, siempre habrá posibilidades de cosechar éxitos y fracasos.

La persona que se autocritica tiene la profunda convicción de que es incapaz de realizar algo importante y significativo en su vida, y de esta manera evita el sabor amargo que podría dejarle el fracaso. Sin embargo, hay que atreverse a fracasar; hay que perderle el miedo al fracaso y tolerarlo. No debemos ser tan exigentes con nosotros mismos. Podemos hacer varios intentos, como en las casetas de las ferias, y no sucede nada grave si no conseguimos el premio: el oso de peluche. Recuerda si no al amigo de Juan, aquel que tuvo que molestar a cinco personas para poder conseguir un asiento en la conferencia.

Nunca intentaremos nada si nos consideramos unos inútiles. Nunca buscaremos el éxito si nos creemos unos fracasados. Pero, si ya nos sentimos así ¿de qué tenemos miedo? Si somos unos inútiles ¿qué podemos perder si intentamos hacer algo? Y lo mismo sucede si nos consideramos unos fracasados: ¿qué podemos perder al intentar conseguir algún éxito? La respuesta la tienes desde el principio del libro. Nuestra baja autoestima no permitirá que perdamos ni un ápice de ella y evitará por todos los medios —y la crítica será uno de ellos— que intentemos cualquier cosa que nos pueda hacer correr ese riesgo. Es importante que te des cuenta de que tanto la etiqueta de inútil como la de fracasado (por seguir con los mismos ejemplos) no son ciertas. Lo que sucede es que la crítica ha cometido un error, de nuevo nos ha dicho cosas que no somos y nos las hemos creído.

De hecho, al evitar cualquier situación en la que pudiéramos sentirnos unos inútiles o unos fracasados, estaremos evitando serlo; por tanto, no lo somos. Pero, entonces, nos convertiremos en personas medrosas e inactivas, incapaces de afrontar los retos de la vida.

El fin de la crítica

La crítica se basa en los pensamientos perturbadores, en los «debería», la culpa, la baja tolerancia al fracaso, las falsas creencias, etc. Y todo esto no es racional. Aquí radica, precisamente, su punto débil: en el hecho de que cuando se la somete a una argumentación racional, se la neutraliza fácilmente. Ya hemos reiterado varias veces que el principal motor de la crítica es mantener nuestra autoestima en los niveles en que se encuentra, es decir, bajo mínimos.

La crítica utiliza las etiquetas negativas que, generalmente, se traducen en insultos o calificativos peyorativos, limitadores y poco realistas. Se sirve del resto de pensamientos perturbadores como la hipergeneralización o el pensamiento «todo o nada» para anular cualquier iniciativa que pueda tener la persona. Emplea los «debería» para humillarla y mostrarle, siempre tarde, otras alternativas mucho mejores. Y así le hace creer que cualquier decisión que tome siempre «podría» ser mejor. La crítica hace que la persona se sienta culpable por todo lo malo que acontece a su alrededor, y para ello usa la personalización como pensamiento perturbador. La crítica no quiere que fracasemos pero a costa de no poder intentar conseguir ningún éxito. Además, nos hace tomar como ciertas creencias que no son nuestras sino de nuestros padres, amigos o de la sociedad en general, y elimina los conflictos que pueden surgir, a base de una severa imposición que está condenada a fracasar. Porque las personas debemos creer, ante todo, en nuestras propias creencias y asimilar, poco a poco, las externas siempre que estén de acuerdo con nuestra manera de ser, pensar y sentir.

La crítica no quiere que nos salgamos de un camino trazado —el correcto para ella— pero este, muchas veces, puede ser contraproducente para nosotros. La crítica ata, subyuga e inmoviliza pero sus argumentos acaban siendo insuficientes porque no tiene en cuenta que la persona es libre y que, por más que limite sus experiencias, siempre podrá encontrar nuevas fuentes que neutralicen viejas creencias.

La crítica no tiene presente que el miedo es sólo temporal y que la persona aprende y evoluciona constantemente. Además, no considera el hecho de que la persona puede madurar e ir generando unos pensamientos propios que cuestionen esa voz interior, que tanto la hostiga, y acaben por desenmascarar la crítica patológica.

Merecimiento positivo hacia uno mismo

Seguro que habrás oído muchas veces —aunque puede que no te lo hayas creído nunca— que lo importante es gustarse uno mismo. Para conseguirlo podemos empezar por describirnos de una manera específica, creándonos un autoconcepto racional y, también, por aprender a aceptar nuestras limitaciones, a no criticarnos, a no compararnos con los demás, etc.

Un modo de conseguir que nuestro sentido del merecimiento no sea tan negativo es autoevaluándonos de forma precisa. Imagínate que tienes que hacer un inventario de tu casa o de una tienda; pues bien, se trataría de hacer lo mismo pero siendo tú el objeto que ha de describirse. Te proponemos que hagas un inventario sobre tu persona, pero para que no puedas confundirte, te orientaremos sobre los aspectos de ti mismo que debes especificar. Para ello tendrás que emplear el mayor número de palabras que se te ocurran y escribirlas siguiendo el ejemplo que te mostramos. Para que te resulte más fácil hemos elaborado un cuadro y lo hemos dividido en dos zonas: la de la izquierda corresponde a los atributos negativos y la de la derecha, a la de los positivos. Ahora sólo falta que tú elabores uno parecido con tus propias características personales.

ASPECTO FÍSICO	
– nariz grande	+ ojos grandes y expresivos
– pies grandes	+ pelo rubio y abundante
RELACIÓN CON LOS DEMÁS	
– no sé decir que no	+ generosa
– rencorosa	+ divertida
PERSONALIDAD	
– me irrito con facilidad	+ tengo bastante buen humor
– humor negro	+ insegura
CÓMO CREES QUE TE VEN LOS DEMÁS	
– indecisa	+ buena persona
– despistada	+ cariñosa
RENDIMIENTO LABORAL O ACADÉMICO	
– podría trabajar más	+ siempre encuentro soluciones
– me fijo poco	+ buena en lo que hago
RELACIÓN DE PAREJA	
– dependiente	+ detallista
– ansiosa	+ desinhibida sexualmente
RASGOS INTELECTUALES	
– me aburren ciertos temas	+ creativa
– leo poco	+ me gusta el teatro
TAREAS COTIDIANAS	
– impuntual	+ me gusta dar buenas sorpresas
– desordenada	+ siempre llego a fin de mes

Siguiendo el cuadro anterior puedes hacerte tu propio inventario. Nosotros sólo hemos puesto dos ejemplos (para lo negativo y para lo positivo), pero tú puedes escribir todo lo que se te ocurra, teniendo en cuenta que no debes utilizar términos peyorativos (estúpido/a, feo/a, idiota) y que el cuadro debe ser lo más preciso y específico posible.

Cuando hayas acabado tu inventario podrás escribir un listado con tus características positivas. Te recomendamos que el listado contenga de 10 a 15 cualidades que consideres buenas, meritorias y de las que te sientas orgulloso/a. Ello fortalecerá tu sentido del merecimiento y el *feedback* positivo hacia ti mismo/a. Si quieres, puedes comentar tanto los contenidos del cuadro como los de la lista con alguna persona de confianza.

PATRÓN CONDUCTUAL

En el ámbito de la competencia es muy importante reajustar nuestro patrón conductual porque la competencia se basa sobre todo en la acción.

Cómo enfrentarse a los problemas

Una manera de hacerlo es fortaleciendo la autoestima mediante el aumento de las habilidades de resolución de problemas. La mayoría de los programas de fortalecimiento de la autoestima se basan en la idea de que la autoestima nos ayuda a afrontar, con mayor efectividad, tanto los pequeños como los grandes retos de la vida. Superar situaciones con éxito implica tener un cierto control sobre estas, y alcanzar metas significativas para nosotros suele ser el fruto de un trabajo duro.

Una de las formas de aumentar las habilidades de manejo y facilitar el desarrollo de conductas que favorezcan la posibilidad del éxito, consiste en resolver los problemas. Frente a un problema, hay que ser capaz de identificar las respuestas y resultados posibles. Hay que saber seleccionar la mejor alternativa para una situación o proyecto particular y tener la habilidad suficiente para elaborar un plan realista que permita alcanzar la meta.

Una característica muy común de las personas con baja autoestima es que razonan emocionalmente, es decir, no se detienen a pensar de una forma racional en el problema que tienen entre manos. Tal vez pueda ayudarte a resolver más de un problema el siguiente esquema.

CÓMO PODEMOS ENFRENTARNOS A UN PROBLEMA

1. Reconocer que existe un problema.
2. No actuar precipitadamente.
3. Decidir un objetivo o meta.
4. Pensar soluciones (hasta 5).
5. Reflexionar sobre las consecuencias de dichas soluciones (hasta 5).
6. Escoger la mejor solución.
7. Establecer una estrategia para actuar.
8. Ponerla en práctica y tener en cuenta este procedimiento para un problema posterior.

Detectar qué situaciones evitas o te hacen huir

Las situaciones problemáticas se deben superar con pequeños pasos que nos garanticen un mínimo de éxito. Por este motivo, empezaremos por plantearnos un solo objetivo.

Hay dos maneras opuestas de neutralizar el estrés: evitándolo o superándolo, y cada una de estas alternativas tiene poderosas consecuencias para la autoestima.

La evitación de la amenaza psicológica es una forma de negación más primitiva y anterior a la superación en la cadena evolutiva. Las expectativas de crecimiento personal son virtualmente inexistentes cuando la respuesta del individuo ante una amenaza consiste en negar aquello que ha percibido como real.

La evitación, en principio, parece prometernos menos dolor y por eso es, para la mayoría de nosotros, probablemente el modo más fácil y automático de neutralizar la amenaza. La evitación del conflicto hace que neguemos la realidad y que, por tanto, prescindamos de una valiosa información sobre nosotros mismos, lo que, a la larga, dificulta la adopción de estrategias realistas y efectivas de actuación. Por otra parte, el exceso de evitación conduce a actitudes defensivas que, a su vez, conllevan a un alejamiento de la realidad que hace que continuemos afrontando el conflicto desde la perspectiva errónea con la cual lo habíamos enfocado.

La impresión distorsionada es un fenómeno producido por la evitación. Cuanto mayor sea el grado de evitación, mayor será la probabilidad de que se produzcan distorsiones graves y conductas irreales. El desarrollo de una autoestima positiva se hace entonces muy difícil, sobre todo si la falsa impresión se mantiene durante mucho tiempo puesto que puede crearse un círculo vicioso que conducirá a la persona hacia un bajo nivel de autoestima y aumentará su sensibilidad ante posibles amenazas.

EL CAMINO SANO Y PREFERENTE PARA RESOLVER LOS CONFLICTOS ES AFRONTARLOS

Afrontar un conflicto requiere mucho esfuerzo e, incluso, valentía. Afrontar un conflicto significa acogerlo honestamente, tolerar la incomodidad e incertidumbre que genera, adoptar los riesgos psicológicos asociados a la apertura de la autoconciencia sobre los propios defectos y aceptar la responsabilidad de las propias acciones.

Cómo no posponer las tareas

Existen técnicas muy sencillas y útiles para que, ante cualquier tarea que tengamos que llevar a cabo, no nos engañemos diciéndonos que no podemos realizarla. Es bueno saber qué factores influyen para desmotivarnos, qué tipo de pensamientos nos vienen a la cabeza en esos momentos (muchos de ellos suelen ser pensamientos perturbadores) y también es bueno y positivo saber qué podemos hacer para enfrentarnos a ellos y poder, así, llevar a cabo eso que tanto nos cuesta hacer. ¡Ah!, y recuerda que la motivación siempre viene después de la acción. Así que no te desanimes y descubre cómo puedes pasar a la acción ¡ahora mismo!

LA MOTIVACIÓN SIEMPRE VIENE DESPUÉS DE LA ACCIÓN

Pensamientos perturbadores

Cuando uno descubre que la mayoría de pensamientos desmotivantes que se nos cruzan por la mente a la hora de realizar una tarea determinada son pensamientos perturbadores a uno se le quita un peso de encima. Ya sabemos que son pensamientos automáticos y apresurados, y que no son racionales. Sabemos identificarlos y hemos aprendido a refutarlos con pensamientos racionales. ¿Por qué no podemos refutarlos, entonces, cuando nos impidan realizar una tarea?

Sigamos con la técnica de las cuatro columnas que empleábamos para contrarrestar dichos pensamientos. Veamos el caso de Juan, un chico al que le costaba mucho ponerse a estudiar y que siempre posponía sus tareas académicas hasta que ya no le quedaba apenas tiempo para realizarlas. Como consecuencia de ello obtenía notas mediocres, a pesar de la gran capacidad de Juan para los estudios.

SITUACIÓN DESENCADENANTE	PENSAMIENTOS AUTOMÁTICOS	PENSAMIENTO PERTURBADOR	REFUTACIÓN RACIONAL
Juan tiene un examen de biología la próxima semana	«Tengo mucho tiempo y ahora no me apetece estudiar. ¿Para qué agobiarme? No vale la pena que me esfuerce tanto. ¡Total, siempre saco notas muy justas!»	Magnificación y minimización. Generalización excesiva. Error del adivino	«Realmente una semana es poco tiempo para preparar bien un examen. No tengo por qué agobiarme sobre todo si lo llevo mejor preparado que otras veces. Puedo hacer un poco cada día. Lo que me apetezca»

Rechazar los «peros»

Una buena técnica para ponerse en marcha es rechazar los «peros», aunque esta vez utilizaremos la tabla de dos columnas. Pondremos como ejemplo el caso de Susana, la chica que no se presentaba a las entrevistas de trabajo porque estaba convencida de que no la cogerían. Veamos cómo se puede contestar a los «peros» hasta dejarlos sin argumentos. Prueba a ponerla en práctica cada vez que un «pero» se interponga en tu camino y pretenda evitar que hagas aquello que crees que tienes que hacer, pero...

ENTREVISTA DE TRABAJO, PERO...	PENSAMIENTO RACIONAL
«El lunes tengo una entrevista de trabajo a las diez de la mañana, pero el lunes he quedado con mi amiga Laura, a la cual hace mucho tiempo que no veo»	«A Laura puedo verla otro día o después de la entrevista. Seguro que ella no se enfada. No sería la primera vez que hemos tenido que postergar una cita»
«... pero ¿para qué voy a ir? Seguro que no me cogen»	«Eso no puedo saberlo ahora. Es imposible adivinar lo que va a suceder»
«... pero es lo que me ha pasado hasta ahora, ya llevo cuatro entrevistas y no me han cogido nunca»	«Eso no va a suceder siempre si sigo intentándolo. Nada dura eternamente; debo recordar la *teoría 606*. ¿Qué son cuatro entrevistas? Hay gente que se ha presentado a más de veinte»
«... pero si no me cogen, me voy a desanimar mucho más de lo que estoy»	«Es razonable que me sienta mal si no me cogen, pero no debo desanimarme; no se va a acabar el mundo. No pensaba ir, así que, no pasa nada si lo intento otra vez»
«... pero ¿para qué?»	«Para intentar cambiar mi situación. El trabajo no vendrá a buscarme a casa. Tengo que ir yo, como hace todo el mundo»

Una técnica contra la ansiedad: la relajación muscular

La relajación nos va a ser muy útil para aliviar la tensión muscular y tratar la ansiedad, el insomnio, la depresión, la fatiga... Pero, sobre todo, nos será muy útil para poder practicar la visualización, ya que esta requiere de una previa relajación para llevarse a cabo con éxito.

¿Cuánto tiempo practicaremos la relajación?

Independientemente de la técnica de visualización, la relajación es un ejercicio que puede practicarse varias veces al día. Como entrenamiento bastará con una o dos semanas, con sesiones de 15 minutos cada día. Después, podremos realizarla cuantas veces creamos oportuno.

¿Qué notaremos?

La relajación de los músculos nos reducirá la frecuencia del pulso y la presión de la sangre, así como el grado de transpiración y la frecuencia respiratoria. La mayoría de nosotros desconocemos cuáles de nuestros músculos están tensos de forma permanente. Con este tipo de relajación intentaremos identificarlos y aprenderemos a distinguir la sensación de tensión de la de relajación.

¿Podemos grabar los ejercicios?

Puedes grabar las instrucciones, pero recuerda que debes darte un tiempo, entre un ejercicio y otro, para poder experimentar la sensación de tensión y la de relajación.

¿Qué método utilizaremos?

Existen varios métodos mucho más complicados y extensos, pero el que nosotros vamos a utilizar es un método abreviado para que la persona pueda aprender a relajarse en un breve espacio de tiempo. Básicamente se tratará de tensar y destensar nuestros músculos de una forma dirigida.

Instrucciones y ejercicios

- Cierra los puños con fuerza tensando los bíceps y los antebrazos. Después ábrelos y relaja las manos y los brazos. Relájate.
- Arruga la frente al mismo tiempo que mueves la cabeza hacia atrás todo lo que puedas. Gírala describiendo un círculo completo siguiendo el sentido de las agujas del reloj y después en sentido contrario. Ahora arruga todos los músculos de la cara con fuerza, frunce el entrecejo, cierra los ojos con fuerza, aprieta los labios y la lengua contra el paladar y encoge los hombros. Después suelta toda esa tensión, relaja los músculos, abre los ojos y la boca. Afloja todos los músculos del cuerpo y relájate.
- Tira los hombros para atrás y arquea la espalda como si fueras a inspirar profundamente. Mantente un rato así y después relájate.
- Haz una inspiración profunda apretando el estómago con la mano. Sostén un rato la respiración y luego relájate.
- Extiende los pies colocando los dedos con las puntas hacia arriba. Extiéndelos con fuerza para tensar las espinillas. Mantente un rato así y luego relájate. Flexiona los dedos tensando las pantorrillas, los muslos y las nalgas. Luego, relájate.

Advertencias

Recuerda que es muy probable que no te salga a la primera y que tengas que practicar varias veces antes de alcanzar con éxito la relajación muscular. No te preocupes, como casi todo, es cuestión de práctica. Por otra parte, ten cuidado cuando contraigas los dedos de los pies porque si lo haces con demasiada violencia te puede dar un calambre en algún músculo.

Visualización

La visualización consiste en imaginarnos escenas positivas relajando el cuerpo y eliminando de nuestra mente cualquier imagen o pensamiento que nos pueda distraer. Se trata de una técnica probada que puede ayudarnos a mejorar nuestra autoestima, a cambiar nuestra forma de relacionarnos con los demás y a conseguir determinadas metas.

LA TÉCNICA DE LA VISUALIZACIÓN PUEDE AYUDARNOS A MEJORAR NUESTRA AUTOESTIMA

¿De qué manera la visualización mejora nuestra autoestima?

En primer lugar, visualizaremos personas positivas, totalmente opuestas a la imagen que tenemos de nosotros mismos; así, por ejemplo, si nos consideramos débiles y nos sentimos desamparados, visualizaremos personas vigorosas y con recursos; o si, por ejemplo, nos consideramos poco valiosos, visualizaremos personas importantes. En segundo lugar, la visualización nos mostrará imágenes de relaciones satisfactorias con la familia, los amigos, los compañeros de trabajo y los desconocidos. Y, en tercer lugar, visualizaremos imágenes donde conseguimos metas importantes para nosotros: un ascenso, destacar en nuestro deporte favorito, conducir el coche de nuestros sueños, ir de vacaciones a una isla paradisíaca, etc.

¿Realmente funciona la visualización?

Sí. A pesar de que no confíes demasiado en esta técnica, está demostrado que la visualización consigue buenos resultados porque las imágenes negativas que acostumbramos ver son sustituidas por otras positivas en las que conseguimos todo lo que nos proponemos. Con la visualización podemos dar un giro positivo a lo que hasta ahora había sido un proceso automático, inconsciente y negativo.

¿Y qué es lo que consigue exactamente la visualización?

La visualización reprograma nuestra forma de tomar decisiones mediante imágenes y situaciones positivas en las que escogemos las mejores opciones posibles. Reprograma nuestra mente para reconocer y elegir la opción más positiva entre dos. Con el tiempo, la suma de muchas elecciones positivas se traducirá en un mayor nivel de autoestima y, por tanto, en una mayor felicidad.

¿Cómo se realiza la visualización?

Para practicar la visualización se debe estar completamente relajado; el mejor momento es antes de dormir o antes de levantarse por la mañana. El estado de profunda relajación (cuando el cerebro produce ondas alfa) es un estado de hiperconsciencia y sugestionabilidad, y es el más efectivo para la visualización.

¿Cuántas veces se debe practicar?

Lo más conveniente sería hacer ejercicios de visualización dos veces al día durante un mes, como mínimo.

¿Cómo se debe empezar?

La mayoría de personas visualizamos constantemente pero acostumbramos hacerlo de una forma involuntaria y no guiada. Para sacar partido a la visualización, hemos de lograr que esta sea lo más intensa y real posible, y para ello hemos de echar mano de todos los sentidos, los cuales podemos recrear mentalmente. Así, cuando visualicemos imágenes o situaciones positivas lograremos que estas sean lo más completas y precisas posibles:

Pasos previos

- Relajarse profundamente en un lugar donde no se pueda ser molestado. Por ejemplo, estirado en un sofá donde repose la cabeza, procurando no tener ningún tipo de incomodidad como frío o calor excesivos.
- Respirar lenta y profundamente, eliminando cualquier signo de tensión que pueda haber. Hay que sentir que todo el cuerpo está relajado, sin tiranteces y sin tensión.

Visualización por sentidos

1. Vista: Imaginar formas y colores simples. Se puede empezar por un círculo que vaya variando en forma (triángulo, cuadrado, etc.) y color (verde, azul, rojo, blanco, amarillo, etc.).

   Debemos evitar, en la medida de lo posible, distraernos con las imágenes o los pensamientos que se nos cruzan por la mente y volver a las figuras de colores, cada vez más deprisa pero siempre bajo nuestra voluntad.
2. Oído: Escuchar sonidos como, por ejemplo, sirenas, timbres, la voz de un familiar o de un amigo. Ahora ya no vemos nada, ahora sólo oímos. Escuchamos las olas estallar contra las rocas, el motor de un coche o los ladridos de un perro.
3. Tacto: Ahora ni vemos ni oímos, ahora sólo tocamos: algodón, frutas, sedas, nuestro gato, etc.
4. Gusto: Podemos sentir el gusto de un zumo de piña resfrescante. Sentimos su ácido y dulzón sabor. Podemos saborear aquello que más nos guste: un helado de vainilla o una taza de chocolate caliente.
5. Olfato: Dejamos el gusto para centrarnos en el aroma que desprenden las flores: rosas, nuestro perfume favorito o esa comida que tanto nos gusta. Por ahora ya es suficiente. Antes de abrir los ojos, debemos reorientarnos para saber dónde estamos. Después, deberíamos analizar cuál de los cinco sentidos nos ha resultado más fácil de imaginar, aunque todos podemos mejorar nuestra capacidad sensorial mental. A medida que vayamos practicando, nuestros sonidos, imágenes y sensaciones serán más fuertes y expresivos, más detallados y vivos.

Visualización de los cinco sentidos a la vez

Tras relajarnos completamente en un lugar tranquilo y cómodo, vamos a visualizar, por ejemplo, una naranja que nos vamos a comer.

1. Vemos su forma y su color. La cogemos; ¿pesa? Podemos tirarla al aire y cogerla al vuelo. Notamos su tacto, nuestra mano la abarca y la miramos.
2. La pelamos: olemos su fuerte aroma cítrico. Cortamos con el cuchillo la piel de la naranja y nuestras manos se impregnan de su olor y humedad.
3. Nos comemos un gajo. Lo masticamos y saboreamos. Es jugoso, aromático y refrescante.
4. Nos detenemos un instante en cada movimiento que nuestra mano hace cada vez que se acerca un trocito de naranja a la boca, al tragar notamos cómo la porción de naranja baja por el esófago hasta llegar al estómago. Finalmente acabamos de comer la naranja y nos limpiamos.
5. Volvemos a la situación real y recordamos esta experiencia. Hemos de analizarla en todos sus detalles y matices. ¿Estábamos en casa mientras comíamos? ¿En qué lugar de la casa? ¿Había ruido? ¿Estábamos solos? ¿Ha sido fácil? ¿Nos hemos sentido ridículos? ¿Hemos tenido ganas de comernos una naranja?

Visualización de nuestro cuerpo

Si no tenemos por costumbre mirar nuestro cuerpo, es posible que la experiencia nos resulte un tanto extraña. Para realizar este ejercicio, además de la ya requerida tranquilidad, necesitamos un espejo donde observarnos. No vamos a valorarnos sino a conocernos.

1. Examinaremos nuestra cara: ojos, pestañas, cejas, nariz, boca, marcas, pecas, orejas, etc.
2. Examinaremos el resto del cuerpo: desde el cuello hasta la planta de los pies y todo lo que podamos de la parte posterior. Y lo haremos con detenimiento y minuciosidad.
3. Cuando nos hayamos aprendido de memoria cómo somos, podremos empezar a relajarnos, siempre en un lugar tranquilo y cómodo.
4. Imaginaremos que nos levantamos por la mañana: ¿El suelo está frío? Tenemos una alfombra; ¿qué tacto tiene? ¿Qué día hace? ¿Nos quitamos el pijama? ¿Qué ropa nos ponemos? Después, ¿nos peinamos? ¿Nos duchamos? ¿Nos lavamos los dientes? ¿A qué sabe la pasta de dientes?

   Debemos sentir cada cosa que hacemos tratando de visualizar, en cámara lenta, aquello que realizamos todas las mañanas, de manera que volvamos a experimentar las mismas sensaciones que tenemos cuando nos levantamos. Para ello es importante que intentemos ser precisos en nuestras descripciones, con el fin de que la experiencia sea lo más fiel posible a la realidad.

Visualizaciones efectivas para nuestra autoestima

1. Imagínate a ti mismo alcanzando una meta. Si siempre has deseado estar en una fiesta y ser el centro de atención, imagínate haciendo bromas ingeniosas, saludando y riendo con el resto de invitados, sirviendo

momentáneamente copas para hablar con la gente, bailando con alguien que te guste, sonriendo y recibiendo sonrisas, etc.

2. Imagínate haciendo algo que te guste y que quieras hacer; algo difícil pero estimulante.
3. Incluye las consecuencias positivas de una mayor autoestima: imagínate teniendo éxito en el trabajo (reconocimiento, ascenso, aumento de sueldo, aumento de responsabilidades, etc.). Imagínate teniendo éxitos sociales y de pareja.
4. Tu lenguaje corporal debe ser el de una persona que se quiere: postura levantada, receptiva a la gente, sonriente, con brazos y piernas extendidos, haciendo gestos afirmativos y tocando a los demás cuando es oportuno.
5. Imagínate luchando pero triunfando después. Imagínate recibiendo honores y alabanzas.
6. Imagínate gustándote a ti mismo y luego gustando a los demás.
7. Imagínate que estás muy bien ahora, no te centres sólo en el futuro.
8. Imagínate descubriendo tu antigua autoestima, la confianza que alguna vez tuviste y que aún tienes. Siéntete más a gusto y contento contigo mismo.
9. Combina las siguientes afirmaciones con tus visualizaciones:

   «Confío en mí.»
   «Soy una persona competente.»
   «Hago las cosas lo mejor que puedo.»
   «Estoy interesado/a en la vida.»
   «Me gusto tal como soy.»

PRIMERO GÚSTATE TÚ
Y LUEGO GUSTARÁS A LOS DEMÁS

Sesiones de autoestima

Sesión de autoimagen

Sugerimos que para esta primera sesión busquemos un día en el que podamos estar tranquilos y a gusto con nosotros mismos.

Visualizaremos todas aquellas escenas que nos produzcan placer o nos hagan sentir bien. Así, por ejemplo, nos veremos a nosotros mismos comprando, practicando algún deporte o alguna actividad que nos guste, yendo al cine o al teatro, redecorando la casa, reparando el coche o cuidando nuestro jardín.

Para que la experiencia sea efectiva, es importante que tengas en cuenta las nueve reglas antes mencionadas y que intentes, al mismo tiempo, que tu lenguaje corporal sea positivo. Acéptate e intenta que ese bienestar que ahora sientes se convierta en una experiencia real en tu vida. No lo veas como una posibilidad lejana, sino como algo que puedes sentir en el presente.

- El objetivo de este ejercicio de visualización es corregir y mejorar tu autoconcepto. Para ello deberás imaginar escenas en las que te sientas seguro/a, animado/a, confiado/a, extrovertido/a, atractivo/a capaz, etc.
- Después de relajarte en un lugar cómodo y tranquilo, y tras respirar profundamente, imagínate dándote un

cálido y relajante baño. Disfruta del tacto tibio del agua y de la fragancia perfumada de unas sales de baño. En ese momento puedes decirte cosas del tipo: «Me merezco cosas buenas y agradables. Merezco disfrutarlas».

- Vístete con ropa limpia, te sientes limpio/a y a gusto. La ropa te queda bien. Te miras en el espejo y sonríes mientras te peinas el cabello.
- Come lo que te gusta. Abre la nevera: dentro encontrarás aquella comida que tanto te gusta. Mientras la preparas, sírvete un vermut, una copa de vino o un zumo de frutas. Y ahora saborea lentamente lo que has preparado, diciéndote: «Cuido de mí mismo. Me quiero».
- Sal a la calle. Hace un día espléndido. Puedes dar un paseo por el parque y saludar a las personas que conozcas y te vayas encontrando. Si no te atreves, basta con que sonrías. La respuesta es inmediata. Puedes decirte: «Estoy muy bien. Me siento muy bien».
- Después, pásate por el videoclub y regálate una buena película. ¿Qué tal aquella que hace tiempo que querías ver?

Sesión de relaciones

El objetivo de este ejercicio es que te puedas sentir bien en compañía de otras personas. Te imaginarás hablando y diciendo aquello que quieres decir, pidiendo lo que deseas sin temor a reprocharte nada, ni sintiéndote culpable. Hemos escogido una cena con unos amigos; exactamente, compañeros de trabajo. Pero puedes visualizar cualquier otra escena, una reunión de trabajo, una cena con alguien que te guste o una reunión familiar.

- Imagínate una mesa para ocho comensales. El restaurante es muy bonito y acogedor. Todos charlan animosamente. Aprovecha para sentarte cerca de la persona que mejor te caiga o la que más te interese.
- Sabes que puedes pedir lo que desees sin temor. Ten seguridad en ti mismo/a. Eso se nota.
- Están decidiendo dónde vais a ir después y no se ponen de acuerdo. Propones una votación: es lo más democrático, ¿no? Dite a ti mismo/a: «Tengo ideas y opiniones interesantes. Puedo hablar en grupo».
- Haz algún comentario halagador a la persona que tienes a tu lado y después inicia una conversación más seria o comenta alguna cosa sobre el tema del que habla el resto del grupo.
- Sonríe si alguien se dirige a ti y no temas dirigirte a alguien en concreto. Puedes explicar una anécdota, un chiste o un juego. Es una cena distendida y queréis conoceros mejor. Puedes mostrar tu ingenio o tu humor.

PARA QUE NOS ACEPTEN LOS DEMÁS, PRIMERO DEBEMOS ACEPTARNOS A NOSOTROS MISMOS

Sesión de metas

Alcanzar objetivos que nos proponemos mejora nuestra autoestima. En este sentido, la visualización puede sernos de gran ayuda para crearnos expectativas de éxito. Es conveniente comenzar con metas pequeñas, fácilmente alcanzables, como, por ejemplo, ser puntual, hacerse un chequeo, no posponer tareas o compromisos, etc. Al principio las metas deben ser simples y debemos planteárnoslas a corto plazo. Una vez conseguidas estas metas pequeñas, tendrás más confianza en ti mismo y podrás fijarte metas más grandes y a más largo plazo.

Es importante, a la hora de visualizar metas efectivas, que puedan descomponerse en pasos más pequeños. Al acabar la visualización, es muy importante concretar cuándo se dará el primer paso para conseguir dicha meta.

Cada vez que hagas una visualización, fíjate una sola meta, un solo objetivo, una sola idea, un solo propósito.

ALCANZAR METAS MEJORA LA AUTOESTIMA

Aspectos de la visualización que debemos tener en cuenta

- La visualización efectiva es agradable y no supone esfuerzo alguno. Si no es así, detenla; ya volverás a intentarlo otro día.
- Si estás tenso/a o preocupado/a, deja la visualización para otro día ya que es necesario estar muy relajado para visualizar.
- No te desanimes si te cuesta un poco al principio, ten paciencia. Recuerda que deberías darte un margen de tiempo antes de abandonar la visualización.
- Algunos resultados de la visualización llegan sin ningún esfuerzo; otros, en cambio, lo hacen más tarde y de forma errática. Y otros serán totalmente inesperados.

MERECIMIENTO RESPECTO A LOS DEMÁS

Cómo comunicarte de manera asertiva y pedir lo que deseas

Entre otras muchas cosas, una persona con baja autoestima se define por su incapacidad de pedir lo que desea a los demás. Cree que sus deseos no son importantes ni legítimos. Siempre parecen más válidos los deseos de los demás. Su escaso sentido del merecimiento le hace temer el rechazo de los demás y su escaso sentido de la competencia, el fracaso de su petición, que puede no ser tenida en cuenta. Las personas con baja autoestima no se creen con los mismos derechos que los demás y, por eso, muchas veces no expresan sus sentimientos, creencias u opiniones. En consecuencia, no saben defenderse de la explotación ni de las agresiones de los demás.

Una persona con baja autoestima no se atrevería a reclamar en un restaurante si la comida que le han servido no es de su gusto; puede ir a ver una película que no planeaba ver por complacer a los demás, y pocas veces dice que no a una petición aunque ello pueda suponerle algún perjuicio. Las personas con baja autoestima son víctimas de las personas sin escrúpulos que, por ejemplo, se cuelan impunemente en la cola del teatro o el cine. En definitiva, estas personas parecen no querer molestar a nadie y, a la vez, agradar a todo el mundo. Por eso admiten situaciones molestas y abusos por parte de los demás sin ser muy conscientes de que el hacerlo merma notablemente su autoestima.

Una condición indispensable para intentar aumentar nuestro grado de autoestima es conseguir que nuestras relaciones interpersonales resulten satisfactorias y equilibradas para nosotros y los demás. No se puede alcanzar un mínimo de respeto hacia uno mismo si consentimos que los demás no nos respeten. Tal vez hayas oído que el respeto empieza por uno mismo, pero la verdad es que eso no tiene demasiada importancia. La experiencia me ha demostrado que cuando las personas empiezan a ser un poco asertivas y a pedir lo que quieren, los demás las tratan de forma diferente y ellas, un poco sorprendidas al inicio, van experimentando hacia su persona parte de ese respeto que jamás debieron perderse. Por tanto, no importa si empezamos a ganar confianza y respeto hacia nosotros mismos asimilando e interiorizando el de los demás.

Defender los derechos y decir aquello que se quiere decir

Defender los propios derechos es un derecho inalienable del ser humano. De hecho, se trata de un derecho natural y vital. Sin embargo, las personas con baja autoestima muchas veces no hacen uso de él. Paradójicamente, consideran que no tienen derechos respecto de ciertas cosas, sobre las cuales los demás sí que tienen; circunstancia esta que es aprovechada por personas con pocos escrúpulos. Jamás debemos temer a reclamar lo que creemos que es justo; lo que creemos que es verdad; a defender nuestro honor, nuestro nombre, nuestros sentimientos, nuestro territorio, nuestras pertenencias... ¡Tenemos derecho!

Un antiguo profesor de universidad decía, no sin razón, que «Con educación se llega a todas partes». No temamos ser educados. Si en la cola del cine alguien intenta colarse, se le puede decir con muy buena educación: «Perdona, pero el final de la cola está detrás» o «Todos hacemos cola, si no te importa, respétala». No hace falta ponerse agresivo ni enfadarse. Una conducta asertiva consigue defender los propios derechos. Y una buena educación logra desarmar al más pintado, y más si va acompañada de una sonrisa.

No solemos defender nuestros derechos porque tememos ofender a los demás, a que nos miren mal, a que el camarero se enfade... Pero ¿y nosotros? Tal vez pienses que no has conseguido aprender las habilidades sociales pertinentes para ello. Toma nota: seguridad en lo que se dice y práctica. Practica en el metro, el trabajo, la tienda, con tus padres, con tus amigos, con tu pareja, con todo el mundo. Si uno tiene la razón de su parte y lo comunica con educación, no tiene por qué temer nada. Recuerda que el hecho de que la otra persona se enfade es un riesgo que hay que asumir. De todas formas, procuraremos que no lo haga pero no siempre dependerá de nosotros. De lo que sí somos responsables es de velar por nuestros propios derechos porque nadie lo hará por nosotros.

Después de unas conferencias en una ciudad extranjera, un grupo de colegas fuimos a tomar unas copas. Como éramos muchos, hubo un poco de confusión a la hora de pagar y el camarero reclamó un importe impagado. Pero yo tenía claro que mis compañeros habían pagado, puesto que les había invitado yo. Además de que el importe no cuadraba, era de unas consumiciones que nosotros no habíamos tomado. Uno de nosotros, erigido momentáneamente en portavoz del grupo, le indicó el error al camarero: nosotros no debíamos nada; habíamos pagado todo lo que habíamos consumido y parte de aquella cuenta no era nuestra; a nosotros no nos habían servido en ningún momento dos de las bebidas que aparecían en la nota. El camarero insistió pero nosotros también lo hicimos. Finalmente nos fuimos. Estábamos en nuestro derecho de reclamar; a pesar de ello, lamentamos el incidente. Pero el error no era nuestro, razón por la cual no teníamos por qué pagar (y nunca mejor dicho) los platos rotos de otro.

No se debe confundir la defensa de nuestros derechos como personas con la insolidaridad. Podemos ser todo lo solidarios que queramos, pero cuando notemos que se están aprovechando de nosotros, tenemos derecho a decir «¡Basta!». ¿Cuáles son nuestros derechos? ¿Cómo puedo saber si estoy reclamando un derecho o si, por el contrario, «me estoy pasando»? Un buen baremo es evaluar la defensa del derecho desde fuera. Si vemos que una persona en la cola del cine impide que otra se cuele y nos alegramos interiormente de este hecho, tendremos que reflexionar por qué nosotros no podemos hacer lo mismo cuando nos encontremos en una situación similar. Pensar que esto le pasa a mucha gente todos los días y que, por tanto, es muy normal, ayuda a aliviar un poco la tensión y la ansiedad. Atrévete primero con derechos pequeños y, progresivamente, ve incrementando el grado de importancia. Solamente obtendremos el respeto de los demás si saben que somos como ellos y que gozamos de los mismos derechos.

Pedir lo que se quiere con palabras

Aprender a formular peticiones afirmativas no es sencillo; por eso, antes de pedir cualquier cosa, puedes probar a decirlo frente al espejo o visualizar la situación de antemano. Sin embargo, a veces, en nuestro propio discurso sacamos a colación cosas que no vienen a cuento y ello puede derivar en un discurso ambiguo donde acabamos hablando de todo menos de lo que queríamos hablar realmente. Para hacer una formulación clara de nuestros deseos podemos seguir el siguiente esquema:

PERSONA	La persona a la cual nos dirigimos para pedirle un favor o lo que queramos
QUIERO	Qué es lo que queremos de ella o lo que queremos que haga por nosotros
CUÁNDO	El momento en el cual consideremos apropiado, conveniente u oportuno hacer la petición
DÓNDE	El lugar donde queremos que se produzca la petición
(CON) si es necesario	Si incluimos a otras personas o no

En el siguiente ejemplo Aurora se siente violenta porque hace algún tiempo le pidió prestada una cantidad de dinero a su hermano Salva y ahora él no para de recordárselo continuamente, cada vez que la ve. Aurora no sabía cómo decírselo, hasta que se lo expuso sin rodeos y sin dar lugar a la ambigüedad. El mensaje fue lo suficientemente claro como para que Salva lo captara:

(persona) Salva; *(quiero)* no quiero que vuelvas a recordarme la deuda que tengo contigo cuando volvamos a hablar de dinero; *(cuándo)* cada vez que venga; *(dónde)* a visitarte a tu casa; *(con)* especialmente, si hay gente delante.

IV

CONCLUSIÓN

En general, denominamos autoestima al estatus vital de competencia y a la habilidad que la persona tiene para hacer frente a los retos de la vida. La baja autoestima refleja que este estatus vital de competencia y merecimiento es escaso e insuficiente y que, por este motivo, el individuo no se ha desarrollado de forma positiva y satisfactoria en áreas importantes de su vida, como son la emocional o la intelectual.

El problema radica en el hecho de que este insuficiente sentido de la competencia y del merecimiento, ha creado un patrón estable de baja autoestima que resulta muy difícil de modificar. Esto no significa que la baja autoestima no pueda incrementarse, sino que el hacerlo implica un esfuerzo que pocos individuos están dispuestos a realizar. Entre otras cosas porque cuanto más baja es la autoestima, más conservadora y estable es. Y también porque la vida plantea más retos que situaciones donde la autoestima pueda vivir momentos satisfactorios de crecimiento. Además, los individuos que poseen baja autoestima tienen unos hábitos (derivados de este patrón) que provocan una dinámica muy difícil de romper. Lo mismo sucede con las creencias, las normas y los valores que han mantenido durante toda su vida.

La empresa es difícil, pero no imposible. Se trata de que las personas con baja autoestima asuman que su manera de pensar y su actitud han sido poco realistas, hasta el punto de haber ignorado sus propias necesidades y sentimientos. Y, sobre todo, que sean conscientes de que existen otras maneras mucho más eficaces y satisfactorias que promueven el desarrollo vital de los seres humanos.

Reaprendizaje

Es muy importante que quede claro que las personas pueden aprender a lo largo de toda su vida. Es más, lo hacen constantemente pero muchas no son conscientes de ello y se muestran reacias ante el hecho de tener que aprender. Pero esto es más un prejuicio que una realidad, ya que está comprobado que la persona siempre está aprendiendo cosas, desde cocinar nuevos platos o cuidar de los hijos, hasta interpretar mapas y planos, pasando por aprender nombres de calles, palabras nuevas, costumbres extranjeras desconocidas, bailes, nombres de actores y actrices, etc. El aprendizaje es tan constante y diverso que apenas nos damos cuenta de ello.

SI HE APRENDIDO A VIVIR CON UNA AUTOESTIMA BAJA, TAMBIÉN PUEDO APRENDER (REAPRENDER) A VIVIR CON UNA AUTOESTIMA ALTA

Para incrementar la autoestima es necesario el aprendizaje. Nosotros hablamos de reaprendizaje porque de lo que se trata es de aprender nuevos mecanismos que ayuden a combatir esos malos hábitos de pensamiento que son los que, una vez formado el patrón de autoestima, hacen que este no se desarrolle de una forma positiva y satisfactoria.

Los pensamientos perturbadores, la autocrítica y las creencias absolutas forman un gran grupo donde el reaprendizaje es indispensable.

Este gran grupo es el causante de gran parte de la infelicidad e insatisfacción que la persona siente a lo largo de su vida. Y ello porque, por un lado, el individuo genera mucha angustia por todo aquello que va pasando por su mente y le hace sentirse incompetente y desmerecedor. Y, por el otro, porque sus acciones se vuelven ineficaces a causa de lo que piensa, cree o percibe. Así pues, casi siempre son nuestros pensamientos los que nos impulsan y nos llevan a actuar (o a no actuar) y, en función de cómo sean, nuestras acciones resultarán más o menos positivas, más o menos eficaces, más o menos competentes...

También es importante que sepamos hacer frente a la autocrítica y que ante pensamientos perturbadores del tipo «Nadie me quiere» o «Soy un inútil», nos detengamos un instante y reflexionemos acerca del tipo de pensamiento automático que nos está invadiendo en ese momento y que nos paraliza. En el primer caso («Nadie me quiere») nos encontramos ante una hipergeneralización tan poco realista como la del segundo caso («Soy un inútil») donde el etiquetaje no deja paso a una descripción más realista y positiva de uno mismo. Llegar a entender que estos pensamientos perturbadores son los que crean las emociones que, tantas veces, nos hacen sentir desdichados, y saber refutarlos con otros pensamientos más realistas y racionales sólo es posible gracias al reaprendizaje y la práctica.

Práctica

La puesta en práctica de todo lo aprendido también resulta indispensable para que puedan crearse unos nuevos hábitos que sustituyan a los anteriores. La experiencia ha ido marcando, de forma decisiva, nuestro patrón y, por eso, modificarlo no resulta fácil. Sólo nuevas experiencias positivas pueden hacer que una baja autoestima se vaya incrementando. La práctica no sólo debe darse en momentos decisivos —cuya importancia resulta casi vital para nuestra autoestima— sino también en cualquier otro momento que pueda posibilitar a la persona el ir practicando y preparándose, precisamente, para afrontar esos momentos cruciales.

Imaginemos a una persona que tiene verdaderos reparos en pedir un aumento de sueldo. Lo más aconsejable sería que esa persona, después de identificar que padece un problema de comunicación asertiva derivado, por ejemplo, de su temor al rechazo, empezara practicando en situaciones menos relevantes, como pueden ser pedir un precio más razonable al carpintero en un presupuesto que le ha hecho; comunicarle al camarero de un restaurante que el plato que le han servido no era el que había pedido; comentar a la pareja o a un familiar una cuestión importante que había quedado pendiente; hacerse oír en una reunión o en el grupo de amigos y dar la opinión sobre, por ejemplo, las futuras vacaciones, etc. Dar pequeños pasos al principio es indispensable para ir adquiriendo las habilidades necesarias que nos permitan alcanzar metas más ambiciosas.

La práctica de aquellos ejercicios que consideremos más adecuados para modificar nuestros malos hábitos irá consiguiendo, poco a poco, transformar la percepción que tenemos de nosotros mismos, con lo cual nuestra actitud con respecto a los demás también se verá beneficiada. El hecho de acostumbrarnos a la temporalidad de nuestros actos, a diferenciar nuestras actuaciones de nosotros como personas, a tolerar nuestros fracasos y nuestros defectos y a valorar todo aquello positivo o especial que hay en nosotros, sólo se consigue con tiempo y con una percepción descriptiva y realista de las cosas. El vernos feos puede deberse al hecho de ser, por ejemplo, bajitos. Pero ¿dónde queda el resto de nosotros? ¿Cómo podemos etiquetarnos a través de un solo término? Yo mismo necesito más de diez palabras para describir el jarrón que tengo delante de mí y tan sólo es un objeto que está muy lejos de poseer la complejidad y la riqueza humanas. Por eso, sólo una descripción rigurosa de la realidad hará que se desvanezcan muchos de los fantasmas que, a menudo, provocan una percepción distorsionada de dicha realidad.

Posiblemente, el sentido del merecimiento es uno de los componentes de la autoestima que resulta más difícil de incrementar porque depende, en gran parte, del merecimiento externo y del hecho de que, como no está muy bien visto que las personas se halaguen a sí mismas, se tiende a adoptar una actitud más humilde. A pesar de ello, hemos de tener claro que una cosa es lo que pensemos de nosotros mismos y otra bien diferente lo que piensen los demás de nosotros.

Yo y los demás

¿Podrías recordar con cuántas personas has hablado a lo largo de toda tu vida? A mí, la verdad, me parece imposible. A la mayoría no lograría recordarlas por más que me lo propusiera, así que, ¿por qué iba a ser yo diferente para ellas? ¿Por qué iba a ser yo tan especial para que TODAS me recordasen? Y si no me recuerdan ¿por qué debería importarme tanto lo que pensaran de mí un guardia urbano, el portero de una discoteca, la vecina de un amigo, un antiguo compañero de facultad, la dependienta de una tienda de ropa, el chico de los recados de la oficina de arriba, un motorista, el camarero de un restaurante, el mecánico, el jardinero de la casa de unos amigos, un antiguo maestro de mi esposa, el taxista, el marido de una amiga...?

Al parecer olvidamos que, como es normal, sólo un número muy reducido de personas nos tienen en cuenta y, curiosamente, este reducido número suele coincidir con el que a nosotros nos interesa. Este grupo lo forman las personas significativas de nuestro entorno, es decir, aquellas que nos conocen de verdad y nos permiten mostrarnos tal como somos, con nuestros defectos y nuestras virtudes, de la misma manera que ellas se muestran ante nosotros. Si las aceptamos tal como son, ¿por qué ellas no iban a hacer lo mismo con nosotros? ¿Por qué intentamos ser perfectos y parecernos a un ideal que no existe en la realidad?

Si yo me propusiera ser el hombre más atractivo del planeta, lo único que conseguiría es sentirme mal, porque lo más probable es que no lo consiguiera nunca. Muchas veces intentamos ser aquello que no podemos ser y alcanzar cosas que no podemos conseguir y, en cambio, no nos atrevemos a tomar lo que sí está a nuestro alcance. Esto se debe a una baja confianza en nosotros mismos y a lo que se llama *subvaloración de las recompensas*. Valoramos demasiado el esfuerzo que tenemos que realizar y el resultado siempre nos parece pobre. Esperamos grandes cosas de la vida, pero no vamos en su busca o no trabajamos lo suficiente para conseguirlas. Creemos en pensamientos mágicos o en soluciones del exterior, como milagros o golpes de suerte.

La tolerancia hacia nosotros mismos y hacia nuestras limitaciones es lo que nos hace madurar. Las elecciones más eficaces, teniendo en cuenta el sentido común, la ley de las probabilidades y un conocimiento realista de nuestros recursos y posibilidades, derivarán en actuaciones mucho más productivas y eficaces. Sobre todo si realizamos tareas de las cuales nos sintamos orgullosos. Una manera de legitimarnos es hacer cosas que nos gusten, que valoremos y nos llenen de satisfacción. Los esfuerzos nos parecerán menores o, por lo menos, necesarios. Por otra parte, el reconocimiento de los demás nos puede parecer importante, pero no es indispensable. Tenemos que aprender a valorar las cosas en su justa medida. Una paciente mía se dedicaba a escribir poesías en sus ratos libres pues era su afición. En el colegio, poca gente la alentó a seguir; más bien al contrario: se extrañaban de su afición o se burlaban. Más tarde, encontró apoyo y reconocimiento en la universidad, de manera que lo que había empezado como una afición se convirtió en una vocación reconocida y respetada por sus compañeros. Lo más importante es que mi paciente no perdió jamás la fe en lo que hacía. Pero a menudo muchas cosas de las que hacemos no son valoradas por los demás. Por eso, antes de que los demás nos las reconozcan debemos empezar a legitimarlas nosotros. Y no hace falta hacer grandes cosas, ni escribir poesías ni salvar al mundo. Lo importante es sentirnos bien con lo que hacemos y valorarlo como se merece. Ten esto siempre presente y en los momentos en que tu autoestima empiece a flaquear, recuerda esta máxima:

QUIÉRETE A TI MISMO Y DESPUÉS PODRÁS QUERER A LOS DEMÁS

CUESTIONARIOS PARA EVALUAR EL NIVEL DE AUTOESTIMA

Tal y como te avanzábamos al inicio de este libro, en las páginas siguientes volvemos a incluir los dos cuestionarios que te ayudarán a valorar tu nivel de autoestima. Ahora que ya has finalizado la lectura, vuélvelos a rellenar y ¡compara los resultados!

CUESTIONARIO DE AUTOESTIMA					
Enunciado	Siempre	A menudo	Alguna vez	Casi nunca	Nunca
1. En algunas ocasiones me veo como una persona inútil					
2. Creo que algunas características de mi personalidad podrían valorarse como buenas, agradables o deseables					
3. A veces tengo la sensación de que en realidad no tengo ninguna capacidad especial. Pienso que no hago nada realmente bien					
4. Casi siempre me siento contento/a conmigo mismo/a					
5. Si valoro en general mi vida pasada, la califico, la mayoría de las veces, de fracaso					
6. Pienso que no he hecho demasiadas cosas en la vida de las que me pueda sentir contento/a u orgulloso/a					
7. Tengo una imagen de mí mismo buena, positiva					
8. Pienso que merezco el mismo respeto y amor que cualquier otra persona del mundo					
9. A veces echo de menos la sensación de cariño hacia mí mismo/a. Me gustaría creer más en mí y en mis posibilidades					
10. Puedo hacer cualquier cosa, como cualquier persona					

CUESTIONARIO DE PENSAMIENTOS					
Enunciado	Siempre	A menudo	Alguna vez	Casi nunca	Nunca
1. He decepcionado a mis padres/amigos /pareja/jefe/etc.					
2. Me gustaría ser mejor de lo que soy					
3. Ojalá no hubiera vivido esto					
4. Desconfío de los demás porque siento que no les gusto y que en cualquier momento pueden ponerse en mi contra					
5. Soy un desastre. Los demás se organizan la vida, pero yo soy incapaz de hacerlo					
6. Todo lo dejo a medias					
7. No tengo fuerzas para seguir viviendo					
8. No veo mi futuro. Sólo un túnel sin final					
9. Siento asco hacia mí mismo/a					
10. ¿Qué estoy haciendo con mi vida?					
11. Por más que lo intente, no lo conseguiré					
12. Soy una persona débil y sin carácter					
13. No puedo soportarlo					
14. Soy un cero a la izquierda					
15. No sirvo para nada					
16. He fracasado					
17. No tengo ilusión por nada. Nada de lo que pueda hacer, me puede hacer sentir mejor					
18. Me gustaría no haber nacido					
19. Nada de lo que quería conseguir ha salido adelante					
20. ¿Por qué a los demás les salen las cosas bien y a mí no?					
21. Mi vida es un desastre					
22. Me siento decepcionado/a de mí mismo/a					
23. Estoy solo/a. Nadie puede entenderme					

NOTA A LOS LECTORES

La única manera de ser feliz es luchar por serlo.

Entender que la felicidad no es una utopía, ya es comenzar a trabajar para conseguirla.

Lo único que podemos hacer es no decaer, ni olvidar que hay que trabajar para conquistar la felicidad.

Me daría por satisfecho si con este libro he conseguido renovarte el deseo de ser feliz.

Si quieres más información sobre el contenido de este libro, manifestarnos tu opinión o simplemente conocernos, puedes ponerte en contacto con nosotros.

Muchas gracias por tu atención.

RAIMON GAJA
ISEP CLÍNIC
Córcega, 213, 1.º 2.ª
08036 Barcelona
rgaja@isep.es

Impreso en Talleres Gráficos
LIBERDÚPLEX, S.L.U.
Pol. Ind. Torrentfondo
Ctra. Gelida BV-2249 Km. 7,4
08791 Sant Llorenç d'Hortons (Barcelona)